LA JEUNESSE DU ROI HENRI

LE RÉGICIDE

JACQUES CLÉMENT

POISSY. — TYP. ARBIEU, LEJAY ET Cᴵᴱ.

LA JEUNESSE DU ROI HENRI

LE

RÉGICIDE

JACQUES CLÉMENT

PAR

PONSON DU TERRAIL

PARIS
E. DENTU, ÉDITEUR
LIBRAIRE DE LA SOCIÉTÉ DES GENS DE LETTRES
PALAIS-ROYAL, 17 ET 19, GALERIE D'ORLÉANS

—

1868

Tous droits réservés.

LA REINE
DES BARRICADES

DEUXIÈME PARTIE

LES BARRICADES

I

Ceci se passait le 16 juin 1584, c'est-à-dire six jours après la mort du duc d'Anjou, dont on avait ramené le corps à Paris.

Le roi Henri III était au Louvre, dans le cabinet du feu roi Charles IX, dont la fenêtre donnait sur la Seine.

On venait de sonner le couvre-feu par la ville, alors divisée en seize quartiers.

Paris était tranquille et une nuit calme et tiède succédait à une brûlante journée, qu'une pluie de quelques heures avait été impuissante à rafraîchir.

Henri s'était enfermé avec trois personnes : M. de Crillon, M. le duc d'Épernon, madame Catherine de Médicis.

Le roi seul était assis.

Bien qu'il l'eût invitée à l'imiter, la reine-mère, calme et froide, impassible, demeurait debout devant son fils.

Crillon et M. d'Épernon, tête nue, se tenaient derrière le fauteuil du roi.

— Sire, disait la reine, vous m'avez mandée auprès de vous : j'attends...

— Ma mère, répondit le monarque, je me suis privé beaucoup trop longtemps de vos sages conseils et de vos lumières politiques. J'ai voulu vous en faire mes excuses devant ces deux messieurs que je considère comme mes plus fidèles serviteurs.

Crillon et d'Épernon s'inclinèrent.

— Mon fils, reprit la reine-mère, je suis prête à aider Votre Majesté de mes conseils, mais n'est-il pas déjà trop tard ?

— Trop tard ! fit le roi.

— Hélas ! soupira Catherine, bien des événements funestes se sont accomplis durant ma retraite au château d'Amboise et le règne de vos mignons, Sire.

— Ils sont morts, madame.

— Oui, mais ils ont laissé un triste héritage à Votre Majesté.

— Et cet héritage, quel est-il ?

— La désaffection du peuple.

Henri accepta le mot sans sourciller.

— Madame, dit-il, j'ai de quoi ramener le peuple à la raison.

— Vrai !

— Mais attendez, le moment n'est pas loin... Si les Parisiens ont quelque envie de me désobéir... je leur réserve de belles réjouissances.

La reine-mère regarda son fils avec un étonnement inquiet.

— Madame, poursuivit le roi, il est temps que nous ouvrions les yeux, vous et moi, sur les intrigues de la maison de Lorraine.

— Ah! fit Catherine avec une pointe d'ironie, je vous l'ai conseillé il y a longtemps déjà, Sire.

— J'ai eu tort de croire à l'amitié du duc de Guise.

— Et de ne vous point méfier assez du génie infernal de sa sœur, madame de Montpensier...

— Oh! celle-là, fit Henri dont l'œil brilla de colère, je la tiens...

— Vous dites?... fit Catherine.

Le roi reprit :

— Vous m'avez demandé plusieurs fois depuis quatre jours, madame, l'explication de ma conduite durant la première nuit que j'ai passée à Château-Thierry.

— Et je vous la demande encore, Sire, car je n'ai jamais pu m'expliquer l'absence nocturne de Votre Majesté.

Henri III se prit à sourire :

— J'étais en bonne fortune, dit-il.

— Oh! fit la reine d'un air incrédule.

— Oui, madame... ne vous en déplaise! j'ai passé cette nuit-là aux genoux d'une fort belle femme.

— En vérité!

— Blonde comme un épi mûr, continua Henri III, et dont les yeux bleus m'inondaient de tendres regards.

— Eh bien! cette femme!...

— Elle m'a offert un bouquet... ce bouquet exhalait un parfum enivrant, et ce parfum contenait un narcotique...

— Ah! je devine... fit la reine.

— Je me suis endormi. Quand j'ai rouvert les yeux, il était grand jour, et voilà pourquoi, madame, je ne suis rentré au château qu'à neuf heures du matin.

— Jusque-là, dit Catherine, je ne vois pas grand malheur.

— Ah! c'est que j'ai omis un détail.

— Voyons?

— Tandis que je dormais, j'ai failli être assassiné.

— Par qui?

— Par un moine.

— Et qui vous a sauvé?

— Mauvepin.

— Sire, dit tranquillement la reine-mère, je savais tout cela!

— Vous le saviez?

— Oui, et je voulais l'entendre de votre bouche. Je sais même que le moinillon n'est pas mort.

— Mon médecin lui donne des soins, dit Henri III, et nous espérons bien le guérir.

— Vraiment?

— Car nous aurons bientôt besoin de lui.

— Comment cela, Sire?

— Madame, répondit gravement Henri III, Votre Majesté m'a accusé plusieurs fois de faiblesse, n'est-ce pas?

— Hélas! Sire.

— Eh bien! je veux être ferme à présent, et justice sera faite.

— Que voulez-vous dire?

— La femme qui a voulu me faire assassiner, c'est madame de Montpensier.

— Je le sais, Sire.

— Et le Parlement la jugera.

Crillon et d'Épernon se regardèrent silencieusement.

La reine-mère haussa imperceptiblement les épaules :

— Sire, dit-elle le Parlement est bien dévoué à la maison de Lorraine.

— Moins qu'à son roi, madame.

— Je le souhaite... Mais Votre Majesté songe donc à faire arrêter la duchesse ?

— Oui, madame.

— Et quand cela ?

— Demain, à mon retour de Saint-Denis, car vous savez que c'est demain que nous conduirons à Saint-Denis les dépouilles mortelles de mon bien-aimé frère.

— Sire, dit Catherine avec tristesse, vous m'avez mandée auprès de vous pour nous occuper des affaires politiques : oublions donc momentanément nos douleurs de famille.

— Soit, madame.

— Le corps de mon fils a été embaumé, et on peut retarder ses funérailles.

— A quoi bon ?

— Sire, j'augure mal de ce voyage à Saint-Denis.

— Et pourquoi cela, madame ?

— Sire, reprit la reine-mère avec un accent rempli d'autorité, Votre Majesté a eu tort de quitter le Louvre pour Saint-Cloud, et Saint-Cloud pour Château-Thierry.

— Vraiment ?

— Le roi de France doit habiter le Louvre et n'en point sortir.

— C'est une triste demeure, madame.

— Soit ! mais c'est là que bat le cœur de la France. Quand le maître est absent, les valets conspirent... Tandis que vous étiez loin de Paris, les Guise y régnaient.

— Leur règne est fini, madame. On jugera la duchesse sur les aveux du moine dont elle avait armé le bras.

— Et à quoi la condamnera-t-on ?

— A une prison perpétuelle.

La reine-mère haussa les épaules :

— Sire, dit-elle, Votre Majesté veut-elle écouter un conseil?

— Parlez, madame.

— Il y a bien parmi les gardes du roi vingt hommes dévoués...

— Oh! certes.

— Donnez-les à M. de Crillon.

— Après?

— Et commandez à M. de Crillon de s'en aller rue Saint-Antoine, où loge madame de Montpensier.

— Bon!

— De se faire ouvrir les portes, continua Catherine, de les enfoncer au besoin.

— Ensuite!

— D'appréhender madame de Montpensier au corps et de vous l'amener.

— Voilà justement, dit Crillon, ma manière de voir...

Et le chevalier fit un pas vers la porte.

— Non, restez, Crillon, dit le roi. Vous, madame, continuez... La duchesse arrêtée, qu'en ferai-je?

— Il y a au Louvre, Sire, une oubliette qui, seule, peut passer pour une prison perpétuelle.

Le roi frissonna.

— On y descendra la duchesse, acheva froidement Catherine de Médicis, et elle y attendra patiemmen que ses cheveux blonds aient blanchi et que la maison de Valois ait un héritier.

— Non, madame, non, dit le roi. Je veux qu'elle soit jugée...

— Alors, trouvez des juges, Sire, et hâtez-vous... car demain peut-être il ne sera plus temps...

— Et pourquoi donc ?

— Parce qu'elle aura soulevé Paris contre vous.

Le roi ouvrit la fenêtre de son cabinet et se pencha au dehors.

— Paris est bien calme pourtant, madame, dit-il.

— La mer est calme aussi la veille d'une tempête... et la garnison du Louvre est bien faible, Sire.

— Oui, dit le roi avec un sourire, mais voici de quoi la renforcer. Venez voir, madame...

Et le roi invita la reine-mère à s'approcher de la croisée.

II

Tandis que le roi causait au Louvre avec la reine-mère, Mauvepin courait les aventures.

Mauvepin n'était pas beau, il était grêlé ; de plus il était bossu ; enfin il traînait légèrement la jambe gauche, ce qui ressemblait quelque peu à une boiterie.

Néanmoins, tel qu'il était, Mauvepin avait quelques succès auprès des femmes.

Dabord il avait beaucoup d'esprit, ce qui charme une bonne portion de l'espèce féminine.

Ensuite, il était toujours soigné, ambré, parfumé comme une petite maîtresse, ce qui enchantera toujours les filles d'Ève.

Enfin, il savait son métier d'amoureux à ravir, c'est-à-dire qu'il jurait fidélité à toutes les femmes, les trompait impitoyablement et se faisait pardonner avec une rare audace.

A la cour du roi Henri de France, il y avait cependant plus d'un galant seigneur, plus d'un damoiseau fait au tour et qui causait agréablement, mais Mauvepin avait bien du succès encore.

—Il n'est pas beau, disaient les unes : il est même laid, ajoutaient les autres : il traîne un peu la jambe, soufflaient tout bas de plus hardies, et il est légèrement voûté, — mais il a un si grand air !...

Et, de fait, Mauvepin, en dépit de la nature, avait l'air d'un fils de roi.

Or, tandis que le roi était à Saint-Cloud en compagnie de la reine, Mauvepin avait courtisé toutes les dames d'atour, filles d'honneur et demoiselles pour accompagner. Mais, nature inconstante, Mauvepin aimait les contrastes, et passait volontiers de la cour à la ville et même à l'humble quartier latin.

Or donc, un matin, Mauvepin s'en était allé à Paris.

C'était fête au pays latin. Les escholiers et les escholières dansaient sous les grands arbres des prés Saint-Gervais.

Mauvepin, simplement vêtu, s'était mêlé à cette bande joyeuse, et il avait avisé une fillette aux yeux bleus et aux cheveux noirs d'ébène qui dansait avec l'insouciance et l'impétueuse gaieté de ses dix-sept ans.

Mauvepin avait fait sa cour.

L'escholière avait pris Mauvepin pour un simple escholier, et, la danse finie, elle l'avait suivi au cabaret Malican, sur la place Saint-Germain-l'Auxerrois.

A dix heures du soir, le cabaret était vide.

Les Lorrains étaient partis, les moines étaient rentrés en leur couvent.

Mauvepin avait donc pu souper en tête-à-tête avec l'escholière; puis, certain vin de Jurançon aidant, il avait prolongé la soirée, et comme minuit sonnait à Saint-Germain-l'Auxerrois, la fillette et le damoiseau se trouvaient encore à table, et l'heure des confidences était venue. Mauvepin avait confié qu'il était employé à la vénerie du roi et remplissait les fonctions de fauconnier.

L'escholière, qui avait nom Périne, avait fait l'aveu de son isolement. Mauvepin s'offrait pour lui tenir compagnie, et l'escholière prêta une oreille complaisante aux galants propos de cet inconnu.

Si bien que la connaissance une fois faite, Périne consentit à l'admettre en son modeste logis, rue des Lions-Saint-Paul, où elle vivait du travail de ses doigts.

Mauvepin s'y rendait en s'échappant du Louvre et échangeait avec la bachelette de doux propos d'amour.

Depuis lors, Mauvepin était retourné à Saint-Cloud, puis il avait suivi le roi à Château-Thierry où, on s'en souvient, il lui avait été de quelque utilité.

Après quoi il était revenu à Paris, la veille au soir, tout justement.

Fatigué du voyage, Mauvepin s'était couché et avait dormi la grasse matinée; mais, le soir venu, il s'était souvenu de Périne, et s'en était allé droit chez l'escholière qu'il avait trouvée en son logis.

Périne habitait tout en haut d'une pauvre maison, sous les toits. Elle avait une chambrette, un petit lit et deux escabeaux.

Quand il s'y trouvait deux visiteurs, elle s'asseyait sur son lit.

1.

L'ouverture qui donnait du jour à sa chambrette était un de ces châssis appliqués au penchant d'un toit et que, de nos jours, on appelle *tabatière*.

La lucarne était assez large pour laisser passer le corps d'un homme.

Or, en se dirigeant du Louvre vers le logis de Périne, Mauvepin ne songeait à autre chose qu'à se divertir en la compagnie de l'escholière, et il avait chassé de sa tête tous les soucis politiques dont il avait charge depuis quelques jours.

Mais la politique est un peu comme le naturel : chassez-la, elle revient au galop.

Comme Mauvepin traversait la rue Saint-Antoine, il se heurta à un bourgeois.

Un bourgeois de mine honnête et débonnaire, gros, gras, couvert d'une ample souquenille, et marchant avec la dignité d'un homme qui se sait considéré dans son quartier.

— Imbécile ! dit Mauvepin, qui, en sa qualité de gentilhomme, n'aimait pas être rudoyé par un bourgeois.

Le bourgeois s'excusa, referma précipitamment sa souquenille qui s'était entr'ouverte et s'éloigna.

Mais si rapide qu'eût été son geste en ramenant sa souquenille sur son abdomen, le bourgeois n'en avait pas moins montré à l'œil investigateur et perçant d Mauvepin la crosse luisante d'un pistolet qu'il avai à sa ceinture.

— Voilà un homme prudent ! pensa Mauvepin.

Et il continua son chemin. A cent pas plus loin le fou, qui était préoccupé, se heurta à un autre bourgeois.

Celui-là était maigre, avait les yeux caves et flamboyants, et son aspect frappa Mauvepin.

Au lieu de se plaindre, Mauvepin s'excusa, mais il appuya son coude sur le ventre du bourgeois, et sentit quelque chose de dur qui pouvait bien être pareillement la crosse d'un pistolet.

— Ah çà ! ils sont donc tous armés, se dit Mauvepin.

Et comme il était curieux, il se mit à suivre le deuxième bourgeois.

Ce dernier marchait d'un pas rapide, et il eut bientôt atteint le premier.

Mauvepin les vit échanger un signe et cheminer de compagnie.

A l'angle de la rue des Lions, les deux bourgeois en rencontrèrent deux autres, et tous quatre entrèrent dans cette rue.

— Tiens ! tiens ! dit Mauvepin, c'est justement mon chemin.

Et il continua à les suivre.

Seulement, il releva le collet de son manteau et enfonça sa toque sur ses yeux. Vers le milieu de la rue, les quatre bourgeois s'arrêtèrent et frappèrent à une porte.

Cette porte était celle d'une vieille maison triste et silencieuse, et dont aucune fenêtre n'était éclairée.

Justement c'était la maison voisine de celle qu'habitait Périne.

Mauvepin s'enfonça sous le porche de cette dernière, et avant de soulever le marteau, il laissa les quatre bourgeois entrer.

Mais au moment où la porte de cette maison mystérieuse se refermait sur eux, Mauvepin vit deux autres bourgeois qui apparaissaient au bout de la rue.

Alors, au lieu de monter chez Périne, il attendit blotti sous le porche.

Les deux bourgeois suivirent le chemin des quatre autres et la maison mystérieuse s'ouvrit et se referma sur eux.

Mauvepin attendit encore :

Il attendit une heure, et pendant cette heure il vit successivement la porte voisine s'ouvrir et se refermer sur neuf autres personnes.

— Oh! oh! se dit-il, tout cela m'intrigue, et j'en aurai le cœur net.

Un homme du peuple passait en ce moment; son costume indiquait un marinier.

Mauvepin l'appela et lui dit :

— Es-tu du quartier, compagnon ?

— Oui, messire, je demeure au bout de la rue.

Mauvepin lui mit un écu dans la main et ajouta :

— Sais-tu à qui est cette maison?

— Oui, certes, dit le marinier.

— A qui donc?

— A messire de Rochibond, bourgeois de Paris, un des seize chefs de la Ligue.

— Merci bien! dit Mauvepin.

Et il entra dans la maison où Périne habitait une chambrette sous les combles.

L'escholière ne comptait plus revoir Mauvepin, et comme elle avait depuis son départ versé bien des larmes, elle jeta un cri de joie en le voyant apparaître.

Puis elle lui passa ses deux bras autour du cou et lui tendit ses joues veloutées.

Mauvepin y mit un baiser; après quoi, sans répondre aux questions de la jeune fille, il plaça sa table sous l'ouverture, monta sur cette table, souleva le châssis et grimpa sur le toit avec la légèreté et la souplesse d'un chat.

— Que faites-vous ! s'écria Périne.

— Chut ! dit-il en posant un doigt sur ses lèvres, je vais consulter les étoiles et savoir si le temps n'est pas à la pluie.

III

Les gens mal bâtis sont adroits : de là le proverbe sans doute, « adroit comme un singe. » Mauvepin se mit à courir sur le toit avec une sûreté et une agilité sans pareilles, et arriva au bord, peu soucieux de l'inclinaison qui était véritablement effrayante.

Là, il se coucha à plat ventre, avança la tête et regarda.

Il regarda non point dans la rue, car il avait pris l'extrémité opposée du toit, — mais dans une cour qui séparait la maison de Périne de celle où étaient entrés les quinze bourgeois.

Cette cour était plantée de grands arbres dont les branches arrivaient jusqu'au toit des deux maisons.

Les seize bourgeois, groupés deux par deux ou quatre par quatre, se promenaient dans cette cour, causant à mi-voix, échangeant parfois des signes mystérieux, et paraissant attendre quelqu'un.

— Puisqu'ils attendent, pensa Mauvepin, j'attendrai aussi.

La maison du sire de Rochibond, bourgeois de Paris, avait deux corps de logis, un qui donnait sur la rue, l'autre dont les croisées prenaient jour sur la cour.

La nuit était venue peu à peu.

Mauvepin vit une des croisées s'éclairer, et comme

les volets en étaient entr'ouverts, il regarda au travers et son regard pénétra dans l'intérieur de la maison.

La croisée éclairée était celle d'une vaste salle boisée, au milieu de laquelle se trouvait une table recouverte d'un tapis.

Autour de la table il y avait des escabeaux que Mauvepin compta.

— Seize, dit-il ; me voilà fixé : autant d'escabeaux que de bourgeois, autant de bourgeois que de quartiers. C'est une réunion des chefs de la Ligue, à Paris, qui va avoir lieu.

Mais devant le haut bout de la table il y avait un dix-septième siége, un grand fauteuil à clous d'or, et comme on n'en voyait pas d'ordinaire dans la demeure d'un bourgeois.

— Oh ! oh ! se dit Mauvepin, qui oublia complétement Périne l'escholière.

Les bourgeois, toujours dans la cour, commençait à en manifester quelque impatience.

— Décidément, se dit Mauvepin, toujours couché à plat ventre sur le toit de la maison voisine, décidément celui à qui le fauteuil est destiné se fait attendre.

Enfin un bruit sec retentit, le bruit du marteau de bronze qui retombait sur le chêne ferré de la porte.

Mauvepin tressaillit, et, abandonnant la croisée du regard, il se tourna vers la porte.

Cette porte s'ouvrit à deux battants.

— Peste ! murmura le fou.

Les deux battants ouverts, une litière entra, rideaux hermétiquement clos, et deux valets se tenant aux portières.

Quand la porte se fut refermée, une des portières de la litière s'ouvrit, et une femme en sortit.

Elle avait un masque sur le visage.

Mais ce masque ne donna le change à personne, car les quinze bourgeois qui s'étaient groupés autour de la litière saluèrent avec empressement.

En même temps Mauvepin se disait :

— Ton masque est de verre pour moi, belle inconnue, et je vais m'arranger de manière à savoir ce que tu viens faire ici.

Un second personnage était sorti de la litière. C'était encore un bourgeois.

A la façon dont on le salua, Mauvepin pensa que ce pouvait bien être le maître de la maison, c'est-à-dire messire de Rochibond, bourgeois de Paris, lequel, par courtoisie, était allé au-devant de la femme masquée.

Quoi qu'il en fût, ce dernier personnage offrit sa main à la femme masquée et la conduisit vers le perron.

En même temps il fit un signe et les quinze bourgeois les suivirent.

Mauvepin les vit entrer dans la maison, disparaître au seuil de cette salle éclairée, au milieu de laquelle étaient placés la table, les seize escabeaux et le fauteuil.

Mauvepin vit la femme masquée prendre place sur le fauteuil, et les seize bourgeois occuper les seize escabeaux.

En même temps la femme ôta son masque, et Mauvepin laissa glisser un silencieux sourire sur ses lèvres.

Il avait reconnu madame la duchesse de Montpensier.

— Maintenant, se dit-il, il faut que je sache ce qu'ils vont dire et projeter.

Il se releva, remonta le plan incliné du toit, atteignit l'ouverture et retomba sur ses deux pieds dans la chambre de Périne.

Périne était stupéfaite.

— Chut ! Chut ! lui dit Mauvepin sur trois tons différents.

— Mais d'où venez-vous ! fit-elle toute tremblante.

— Ma petite, lui dit Mauvepin, tu as bien des draps à ton lit.

— Oui, certes ! fit-elle étonnée de la question.

— Et des ciseaux à ta ceinture ?

— Oui... mais... la raison... ?

Mauvepin tira sa bourse de ses chausses, et une pistole de sa bourse.

— Voilà pour tes draps, dit-il.

Et il posa la pistole sur la table.

— Mais, fit-elle, qu'en voulez-vous faire?

— Tu vas voir.

Mauvepin prit un des draps qui étaient de forte toile, et avec les ciseaux de Périne il se mit à les couper par bandes étroites.

— Mais.. que faites-vous donc ? lui demanda-t-elle encore.

Mauvepin attacha bout à bout les lanières du drap.

— Tu le vois, dit-il, je fabrique une échelle de corde.

— Pourquoi faire?

— Pour descendre dans la cour voisine.

— Vous voulez donc vous en aller ?

— Mais non, dit Mauvepin, que cette naïveté fit sourire. Si je voulais m'en aller, je sortirais par la porte.

— Eh bien, alors ?

— Jai laissé tomber une bague dans la cour, et je la veux aller quérir.

— Oh dit l'escholière, vous vous moquez de moi.

— Peut-être... mais contente-toi de cette explication, attendu que je ne puis t'en donner une autre.

Et Mauvepin découpa le second drap comme il avait dépecé le premier, et en moins d'un quart d'heure il se trouva à la tête d'une corde à nœuds d'une centaine de pieds de longueur.

— Tant pis si elle casse, pensa-t-il, le service du roi d'abord.

Et il attacha la corde par un bout au pied du lit de Périne.

Après quoi, tenant l'autre bout aux dents, il s'élança de nouveau sur le toit, gagna le bord, tira la corde à lui, la laissa pendre dans la cour et s'aperçut avec satisfaction que son autre extrémité arrivait à terre.

Comme les gens qui portaient la litière et les valets qui l'acompagnaient s'en étaient retournés, et que les bourgeois étaient tous entrés dans la maison sur les pas du sire de Rochibond et de la duchesse de Montpensier, la cour était déserte.

Mauvepin saisit la corde à deux mains et se laissa glisser dans la cour, dont il toucha le sol sans encombre.

Seulement, une fois là, il hésita quelque peu pour entrer dans la maison par la porte, qui était demeurée ouverte : c'était s'exposer à être rencontré par quelque valet.

Mauvepin avisa un des arbres de la cour.

Cet arbre se dressait vis-à-vis de la fenêtre éclairée, et comme la chaleur était grande, on avait laissé les volets ouverts, afin de faire pénétrer un peu d'air.

Le parti de Mauvepin fut bientôt pris : il embrassa le tronc de l'arbre grimpa comme un escholier, atteignit le couronnement, et se hissa sur une branche inclinée dont les derniers rameaux touchaient à la fenêtre.

Il accomplit tout cela sans bruit, se dissimula le mieux possible dans le feuillage touffu de l'arbre et ouvrit ses yeux et ses oreilles.

La duchesse de Montpensier présidait la réunion des seize bourgeois.

Seulement, il y avait un dix-huitième personnage que Mauvepin n'avait point encore vu.

Celui-ci se tenait debout derrière le fauteuil de la duchesse.

Ce n'était point un bourgeois...

C'était un gentilhomme.

Un gentilhomme cuirassé, botté, éperonné et dont le casque avait la visière levée.

Mauvepin le reconnut :

— Oh! oh! dit-il, mais c'est monseigneur le duc de Guise en personne.

— Justement! souffla une voix à son oreille.

Mauvepin se croyait si bien seul sur sa branche, qu'il faillit se laisser choir, tant fut grande l'émotion qu'il éprouva.

Il se retourna à demi et vit sur une branche voisine un homme pareillement à califourchon.

La nuit était assez claire pour lui permettre de distinguer sa silhouette, mais non les traits de son visage.

Mauvepin avait une dague au flanc, il la tira vivede sa gaîne.

— Chut! dit la voix, c'est inutile, je ne vous veux aucun mal.

— Qui êtes-vous ? murmura Mauvepin d'une voix étranglée par l'émotion.

— Un ami.

— De qui ?

— De vous, d'abord.

— Et ensuite ?

— Du roi de France.

— Mauvepin respira, puis il vit luire le regard de son voisin de branche.

Ce regard était brillant comme ces lucioles qui s'allument, par les nuits sombres, dans la campagne, au bord des fossés.

IV

Mauvepin était railleur et caustique, et d'autant plus impitoyable pour les vices de l'humanité, que la nature l'avait complétement déshérité de ses dons les plus vulgaires. Mais Mauvepin était brave.

« La race ne ment pas ! » dit un vieux proverbe, et le bossu Mauvepin était homme de race.

Donc, après avoir éprouvé une émotion bien légitime en voyant son arbre habité, Mauvepin retrouva son calme ordinaire et sa verve railleuse.

— Pardon ! monsieur, dit-il, bien que l'heure soit mal choisie et le lieu encore plus mal pour une présentation, vous plairait-il me dire à qui j'ai l'honneur de parler ?

— A un de vos amis, monsieur, répondit l'homme dont le regard brillait dans les ténèbres.

— Oh ! permettez, dit le fou, je ne reconnais pas cette voix.

— C'est tout simple, monsieur, vous ne l'avez jamais entendue.

— Alors vous n'êtes pas mon ami.

— Au contraire, monsieur Mauvepin.

— Vous me connaissez?

— Parbleu!

— Votre nom, en ce cas?

— Je vous le dirai quelque jour... mais pas... ce soir.

— Pourquoi donc, monsieur?

— Parce que nous avons autre chose à faire.

— Ah! vous croyez?

L'inconnu étendit la main vers la fenêtre entr'ouverte et montra les seize bourgeois réunis autour du fauteuil de madame la duchesse de Montpensier.

— C'est juste, dit Mauvepin, écoutons.

— Il n'est que temps, dit tout bas l'inconnu.

En effet, madame de Montpensier venait d'ouvrir la séance.

— Messieurs de Paris, disait-elle en s'adressant aux seize bourgeois, j'ai cru pendant trois jours que le trône était vacant.

— Peste! murmura l'inconnu sur sa branche.

— Mais, reprit la duchesse, la justice divine hésite quelquefois...

— Ah! ah! ricana Mauvepin à son tour.

— Et il arrive, poursuivit madame de Montpensier, que le Valois est encore de ce monde et continue à plonger le royaume dans un océan d'iniquités.

Un murmure flatteur accueillit cette jolie phrase. Le voisin de branche de Mauvepin applaudit, lui aussi, d'un sourire.

La duchesse continua:

— Il est temps que la France se lève, que Paris tende les chaînes de ses portes, barricade ses rues et fasse justice du Louvre.

— Ma parole! murmura Mauvepin, je donnerais quelque argent de ma poche pour que Sa Majesté le roi Henri de France entendît ce joli sermon.

L'un des seize bourgeois se leva.

C'était le sire de Rochibond lui-même, le chef le plus influent de la Ligue, celui à qui les Parisiens obéissaient avec un aveuglement sans bornes.

— Madame, répondit-il, nous sommes prêts.

— Vrai? fit la duchesse.

— Mais il nous manque un chef...

— Le voilà!

Et Anne de Lorraine montra son frère le duc de Guise, jusque-là silencieux et grave.

Le duc ne souffla mot et se contenta d'adhérer d'un signe de tête.

— Enfin, continua le sire de Rochibond, nous avons besoin d'un prétexte pour commencer la lutte.

— Un prétexte! s'écria la duchesse, il vous faut des prétextes!

— Oh! dit un autre bourgeois, la moindre chose... un rien... Par exemple, un soldat du roi maltraitant un bourgeois...

L'inconnu se pencha à l'oreille de Mauvepin et lui dit:

— Pendant que ces gens-là cherchent des prétextes, il y aurait un joli coup à faire.

— Lequel? fit Mauvepin.

— Un coup de filet.

— Comment cela?

— Tenez, continua l'inconnu, nous sommes deux ici, écoutant chacun pour notre compte.

— Bien.

— Si un seul de nous écoutait ?

— Alors, dit Mauvepin, l'autre ne saurait rien.

— Pardon... celui qui aurait écouté le mettrait au courant.

— Soit! mais que ferait le premier pendant ce temps-là.

— Une chose bien simple.

— Voyons.

— Il s'en irait au Louvre... et il demanderait à parler au roi.

— Très-bien. Et il lui dirait ce qui se passe ici, n'est-ce pas?

— Justement, monsieur Mauvepin.

— Et il ramènerait du Louvre M. de Crillon avec une centaine de gardes? continua Mauvepin.

— Je vois que vous me devinez...

— Puis, acheva Mauvepin, on investirait la maison du sire de Rochibond, et on arrêterait du même coup les seize bourgeois, le duc de Guise et madame de Montpensier.

— Vous êtes un homme d'esprit, monsieur Mauvepin.

— Vous êtes bien bon, monsieur.

— Et tandis que je vais faire bonne garde, je vous engage à prendre vos jambes à votre cou et à gagner le Louvre.

— Ah! c'est moi qui dois y aller?

— Dame! je ne suis point familier du roi, moi, et il me faudrait bien du temps pour arriver jusqu'à lui.

— Est-ce que vous n'êtes pas de la cour, par hasard, monsieur?

— Non, répondit l'inconnu, je suis de province.

— Ah! fit Mauvepin, et tandis que j'irai au Louvre, vous resterez ici?

— Oui.

— Et vous écouterez fidèlement ?...

— Parbleu ! je ne suis venu que pour cela...

— Monsieur, dit Mauvepin, votre proposition me plaît, Dieu m'en est témoin, et je serais ravi de voir M. de Crillon pratiquer le joli coup de filet que vous venez d'imaginer, mais...

— Que voulez-vous dire ? fit l'inconnu.

— Je viens de faire une réflexion bizarre.

— Bizarre, voyons ?

— Je me suis dit qu'il pourrait se faire que tandis que je me rendrais au Louvre, les bourgeois s'en allassent.

L'inconnu laissa bruire entre ses lèvres un petit rire sec et moqueur.

— Monsieur Mauvepin, dit-il, vous me confirmez dans mon opinion que vous êtes homme d'esprit.

— Mille remerciements, monsieur.

— Vous ne dites les choses qu'à demi, ce qui est d'une urbanité exquise, mais on les comprend tout entières.

— Ah ! vraiment ?

— Et la preuve en est que vous venez de vous dire que je pourrais bien être un ami de ces gens-là, que ce n'est pas eux, mais vous, que je surveille, et que vous envoyer au Louvre serait un moyen de vous faire tomber dans quelque embuscade, de l'autre côté de la rue.

— Ma foi, monsieur, dit Mauvepin, excusez-moi si je me suis trompé, mai j'ai toujours été un peu défiant de ma nature.

— Eh bien ! souffla l'inconnu, quand je vous aurai dit mon nom, vous n'hésiterez plus...

— Je l'attends...

L'inconnu se pencha sur sa branche et effleura de ses lèvres l'oreille de Mauvepin, dans laquelle il laissa tomber un nom.

Ce nom produisit sur Mauvepin une sensation telle qu'une seconde fois il faillit choir du haut en bas.

— Eh bien! dit l'inconnu, irez-vous maintenant?

— Oh! certes.

Et le fou se laissa glisser sans bruit au pied de l'arbre, traversa la cour, gagna sa corde à nœuds, et remonta sur le toit avec la légèreté d'un confrère de la Passion.

Périne, anxieuse, attendait...

En voyant reparaître Mauvepin, elle poussa un cri de joie.

Mais Mauvepin ne songeait plus à l'amour; il bouscula l'escholière, ouvrit la porte de la mansarde et se sauva quatre à quatre.

. . . .

Or, c'était précisément tandis que Mauvepin courait vers le Louvre que le roi Henri III, attirant la reine sa mère vers la croisée de son cabinet, lui disait :

— Voyez, madame, voyez!

La reine se pencha au dehors et vit, au clair de lune, une masse noire qui se déroulait le long de la rivière comme un serpent gigantesque.

Cette masse sombre avait de fauves éclairs et dégageait un murmure confus.

On eût dit une de ces vagues énormes qui roulent vers la grève, par les belles nuits d'été, et dont la crête brille parfois aux rayons de la lune.

Elle s'étendait à l'est, aussi loin que le regard et les rues qui bordaient la Seine le permettaient, et elle s'avançait lentement vers le Louvre.

Cette masse étrange, assez semblable à une fourmilière monstrueuse, c'était tout un corps d'armée qui profitait des ombres de la nuit pour entrer dans Paris silencieusement.

La lune tombait sur les mousquets, les hallebardes et les pertuisanes, et en faisait jaillir des étincelles.

— Qu'est-ce que cela? fit la reine-mère.

— Madame, répondit Henri, c'est une troupe de huit mille Suisses.

— Ah! vraiment?

— Qui viennent renforcer ceux que commande déjà M. d'Épernon.

— Ah! très-bien! fit la reine-mère.

— Ils viennent prendre garnison au Louvre et tenir les Parisiens en respect, ajouta le roi d'un air triomphant.

— Raison de plus, dit la reine-mère, pour que Votre Majesté s'assure de la personne des princes lorrains.

— Oh! nous avons le temps, maintenant.

Comme le roi parlait ainsi, la porte s'ouvrit, et Mauvepin entra.

— Sire, dit-il naïvement, si Votre Majesté me veut donner M. de Crillon et trente de ses gardes, elle n'aura pas besoin de tous ses Suisses.

Crillon eut un sourire de bon augure.

Mauvepin ajouta :

— Je tiens madame la duchesse de Montpensier, Monseigneur le duc de Guise et tous les bourgeois de Paris qui conspirent en ce moment contre la vie et la couronne de Votre Majesté.

V

Quand Mauvepin eut lâché cette phrase grosse de promesses, il attendit, un sourire triomphant aux lèvres, que le roi le questionnât.

Mais le roi avait autre chose en tête.

— Bon ! dit-il en regardant la reine-mère, je gage que Mauvepin me vient conseiller la même chose que vous, madame.

— Oui, fit Mauvepin d'un signe de tête en regardant madame Catherine.

— Ainsi, reprit le roi, tu sais où est la duchesse ?

— Oui, Sire.

— Et le duc de Guise ?

— Et les seize factieux qui veulent déposer Votre Majesté et l'enfermer dans un monastère.

Ordinairement, quand on parlait de ces choses au roi Henri III et qu'on lui disait avoir vu les ciseaux d'or que madame de Montpensier tenait en réserve pour lui couper les cheveux, le monarque entrait en fureur.

Cette fois il demeura calme et souriant.

— Ah ! quoi ? vraiment ! dit-il, ces bourgeois me veulent déposer ?

— Oui, Sire, et ils se proposent d'attaquer le Louvre.

— Ah ! bah !

— C'est comme j'ai l'honneur de le dire à Votre Majesté.

La reine-mère et Crillon se regardaient et semblaient se dire que le roi était fou pour se montrer aussi calme.

Quant à M. d'Épernon, il était fort soucieux et ne soufflait mot.

Cela tenait à ce qu'il était devenu colonel-général des Suisses, depuis que M. de Crillon commandait les gardes françaises, c'est-à dire depuis huit jours.

Or, M. d'Épernon songeait que les huit mille Suisses qui arrivaient allaient lui composer une belle troupe, et que, si les Parisiens se révoltaient, ce qui était probable, il lui faudrait aller au premier rang et s'exposer au feu des bourgeois.

Le roi, penché à la croisée, ne se retourna point et dit tranquillement.

— Mais viens donc voir les belles troupes, Mauvepin.

— Oui, oui, ce sont de beaux Suisses, Sire, mais je tiens à mon idée...

— Ainsi, ils parlent de me déposer et de barricader les rues? reprit le roi.

— Oui, Sire.

— Et quand disaient-ils cela?

— Il y a une heure.

— En quel lieu?

— Dans une maison de la rue des Lions-Saint-Paul.

— A qui est cette maison?

— Au sire de Rochibond, un des seize bourgeois.

— Ces gens-là sont fous, dit le roi toujours calme, ou bien ils n'ont pas vu mes Suisses.

Et Henri III suivait d'un œil complaisant les Suisses qui entraient dans le Louvre et s'engouffraient par compagnies sous les portes.

— Mais enfin, dit Crillon, que le calme du roi agaçait, qu'ordonne Votre Majesté?

— Rien, dit le roi.

— Comment! rien?

— Mon bon Crillon, poursuivit Henri III, je n'ai pas

le temps, cette nuit, de m'occuper des conspirateurs. J'ai bien autre chose à faire, vraiment !

— Mais, Sire...

— D'abord, il faut que je fasse caserner mes Suisses.

— M. d'Épernon s'en chargera, Sire.

— Oui, fit d'Épernon avec joie, car il craignait déjà qu'on ne lui donnât pour besogne d'aller arrêter le duc de Guise.

— Ensuite, poursuivit Henri, il ne faut pas que j'oublie que c'est demain qu'ont lieu les funérailles de mon frère.

— Cela n'empêcherait rien, Sire, dit la reine-mère.

— Hé ! mon Dieu ! madame fit Henri III impatienté, qui vous dit que ces bourgeois ne résisteront pas... qu'ils n'ameuteront pas le quartier et que la bataille ne commencera pas cette nuit ?

— Eh bien ! Sire, on se battra !

— Alors on n'enterrera pas mon frère demain...

— Sire, dit la reine, il faut d'abord veiller au salut de votre couronne...

— J'ai mes Suisses, madame.

— Pourquoi hésiter, en ce cas ?

— Si on commence à se battre cette nuit, poursuivit le roi, qui était tenace dans ses idées, les funérailles n'auront pas lieu demain.

— Eh bien ! on les retardera...

— Impossible, madame, j'ai commandé la cérémonie pour neuf heures à Saint-Germain-l'Auxerrois. Dom Basile et moi nous avons tout réglé aujourd'hui... Les pénitents sont prêts, les moines aussi... Donc, laissons les bourgeois conspirer tranquillement et remettons à après-demain les affaires politiques.

Crillon et Mauvepin se regardèrent avec un douloureux étonnement.

Quant à la reine-mère, elle se dirigea lentement vers la porte et sortit sans que le roi songeât à la retenir.

Le roi regardait toujours ses Suisses, qui ne finissaient pas d'entrer au Louvre.

Seulement, en sortant, la reine-mère avait fait un signe à Crillon.

Et Crillon dit au roi :

— Alors Votre Majesté n'a rien à me commander cette nuit?

— Rien, mon bon Crillon.

— Tant mieux, Sire.

— Pourquoi tant mieux?

— Parce que je suis las.

— Ah!

— Et que je vais m'aller coucher...

— Bonne nuit, Crillon, mon ami!

Et Crillon sortit, saluant le roi et M. d'Épernon.

Mauvepin s'approcha à son tour :

— Bonsoir, Sire, dit-il.

— Est-ce que tu veux aller te coucher, toi aussi? demanda Henri III.

— Oui et non, Sire.

— Comment cela?

— J'ai un rendez-vous d'amour, Sire.

— Eh bien! il faut y aller... Mais prends bien garde! dit le roi en soupirant... Tu sais ce qui m'est advenu à Château-Thierry...

— Je ne suis pas roi, moi, dit Mauvepin. Bonsoir, Sire.

— Bonsoir, mon mignon.

Et Mauvepin sortit pareillement.

Quand le roi fut seul avec d'Épernon, il lui dit :

— Ah çà? crois-tu qu'ils y tiennent assez tous, et Crillon, et ma mère, et ce petit Mauvepin, à arrêter le duc de Guise?

— Mais, Sire, observa d'Épernon, ils ont peut-être raison.

— Ils ont tort, dit le roi.

— Pourquoi?

— Écoute-moi bien, d'Épernon, mon ami. Avec huit mille Suisses on n'a pas besoin d'emprisonner le duc de Guise.

— Je ne comprends pas, Sire.

— On le met à la porte de Paris, voilà tout, et, tiens, tout bien réfléchi, je ne ferai pas de procès à la duchesse.

— Ah! vraiment!

— Je la prierai de s'en aller à Nancy.

— Et si elle refuse?...

— J'ai mes Suisses, dit le roi.

Et fermant la fenêtre :

— Allons les voir dans la cour du Louvre, dit-il.

. . . .

Tandis que le roi répondait à toutes les objections de d'Épernon par ces trois mots : « *J'ai mes Suisses,* » la reine-mère avait entraîné Crillon dans l'embrasure d'une croisée de la salle voisine du cabinet royal.

Mauvepin avait suivi Crillon.

— Monsieur le chevalier, dit la reine-mère, le roi mon fils est dans une de ces heures de faiblesse et d'aberration d'esprit où il faut savoir braver sa colère.

— Je vous écoute, madame.

— Nous allons jouer un gros jeu, vous et moi.

— J'aime assez jouer gros jeu, dit Crillon.

— Moi je cours le risque de retourner à Amboise.

— Hum !

— Vous d'être exilé et de perdre vos charges.

— Après ? dit froidement Crillon.

— Cependant il faut que vous m'obéissiez.

— J'écoute, madame.

— Ce que le roi ne veut pas, je vous ordonne de le faire.

— Votre Majesté veut ?...

— Je veux que vous suiviez M. d'Uzès, que voilà.

Et la reine montrait Mauvepin.

— Et que j'aille arrêter les princes lorrains et les seize bourgeois.

— Oui.

— Eh bien ! dit simplement Crillon, la chose est facile. J'y vais.

— Et se tournant vers Mauvepin :

— Me montrerez-vous le chemin ?

— Parbleu ! dit le fou. Je suis venu tout exprès pour cela...

Dix minutes après, et tandis que Henri III, ébahi de la belle prestance des Suisses, était loin de penser qu'on lui désobéissait, M. de Crillon, Mauvepin et trente gardes du roi prenaient le chemin de la rue des Lions-Saint-Paul.

— A quoi diable ça peut-il donc servir, murmurait Mauvepin, d'être roi de France, puisqu'on n'est pas obéi ?

VI

Mauvepin servait de guide à Crillon et à sa troupe, et il marchait au pas de course, tant il craignait d'arriver trop tard.

Cependant, à l'entrée de la rue des Lions, il s'arrêta.

— Est-ce ici ! demanda Crillon.

— Oui.

— Dans quelle maison? quelle porte faut-il enfoncer?

— Chut! monsieur le chevalier. Il ne faut rien enfoncer du tout.

— Pourquoi donc?

— Mais, dit Mauvepin, la maison où ils sont est celle que vous voyez là-bas, à droite, presque au bout de la rue.

— Bon!

— Or, suivez mon raisonnement, et vous allez voir...

— J'écoute, dit Crillon, qui avait quelque confiance en Mauvepin depuis l'affaire de Château-Thierry.

— Cette maison est entre cour et jardin; la porte de la cour est solide, elle est même ferrée.

— Oh! dit Crillon, c'est égal, à coups de crosse d'arquebuse, on en viendra à bout.

— Soit, mais les bourgeois, tandis qu'on enfoncera la porte de la cour, se sauveront par le jardin.

— Ah! c'est juste. Dans quelle rue donne le jardin?

— Dans une ruelle qui est là derrière.

— Eh bien! si nous entrions par là?...

— Il y a également une bonne porte à enfoncer, et les bourgeois se sauveront par la cour.

— Oh! dit Crillon, une idée!

— Voyons! fit Mauvepin.

— Je vais mettre quinze hommes à la porte du jardin.

— J'allais vous le proposer.

— Et puis nous enfoncerons la porte de la cour.

Mauvepin ne répondit pas.

Crillon battit en retraite, gagna la ruelle, et, guidé par les pignons de la maison des conspirateurs, il disposa la moitié de sa troupe, en cordon, sous les murs du jardin, puis il rejoignit, avec le reste, Mauvepin, qui était demeuré en sentinelle au coin de la rue des Lions.

— Maintenant, dit-il, allons enfoncer la porte de la cour.

— Non pas, dit Mauvepin.

— Hein? fit Crillon stupéfait.

— Cela ne se peut, continua le fou, et pour deux raisons.

— Ah!

— La première, c'est qu'il est inutile d'enfoncer une porte que l'on peut ouvrir.

— Vraiment? vous pouvez?...

— Je le peux.

— Mais comment cela?

— Dame! monsieur le chevalier, dit Mauvepin, il est probable que je suis déjà entré dans la maison, puisque j'ai vu la duchesse, son frère et les seize bourgeois réunis.

— C'est juste.

— Donc, marchant doucement, je pénétrerai de nouveau dans la maison et je vous viendrai ouvrir la porte. Voilà ma première raison.

— Oh! dit Crillon, elle est bonne, et je n'ai pas besoin de la seconde.

— Mais moi, j'ai besoin de vous la dire.

— A quoi bon?

— Vous allez voir que la chose est utile.

— Alors, je vous écoute.

Crillon et Mauvepin se mirent en route, suivis pa[r]
les quinzes autres gardes, et Mauvepin continua :

— J'ai un ami dans la maison du sire de Rochibond[.]

— Ah ! c'est différent.

— Si nous enfoncions la porte, les bourgeois, qui n[e]
se doutent pas de sa présence, accourraient dans l[a]
cour, le trouveraient et lui feraient un mauvais parti[.]

— Je comprends votre deuxième raison, monsieu[r]
Mauvepin.

— Vous la comprendriez mieux encore, monsieur l[e]
chevalier, si vous saviez quel est cet ami.

— Serait-il de ma connaissance ?

— Je le crois.

— Son nom, alors ?

— Oh ! attendez... et écoutez-moi... Figurez-vou[s]
que, m'étant introduit dans la cour du sire de Rochi[-]
bond, je suis monté sur un arbre qui se dresse just[e]
devant la fenêtre de la salle où les conspirateurs dé[-]
libèrent. Or, sur une branche de cet arbre, il y ava[it]
déjà...

— Votre ami ?

— Pas précisément, dit Mauvepin, car je ne le con[-]
naissais pas encore... c'est là que nous avons fait con[-]
naissance... notre amitié est une amitié *sur la branch[e]*

— Alors, dit Crillon, cette considération qui vou[s]
arrête et vous empêche d'enfoncer la porte est de pe[u]
d'importance.

— Nenni ! fit Mauvepin, puisque ce gentilhomme.
est mon ami... depuis que je sais qu'il est celui d[u]
roi...

— C'était donc pour le compte du roi qu'il était l[à]
ou pour le sien ?

— Dame ! fit Mauvepin, quand je vous aurai dit so[n]

nom, vous verrez qu'il a peut-être quelque intérêt à savoir ce que fait madame de Montpensier.

— Eh bien ! voyons ? dites-moi ce nom...

— Oh ! pas si haut que cela, fit Mauvepin... A l'oreille, monsieur le chevalier... à l'oreille.

Et, comme Crillon était plus grand que lui, Mauvepin se dressa sur la pointe du pied et approcha ses lèvres de l'oreille du chevalier.

Soudain Crillon tressaillit, étouffa une exclamation de joie et dit :

— Alors, la partie est gagnée... et le coup de filet sera bon... A lui seul, il vaut une armée !...

Crillon, en parlant ainsi, s'arrêta devant la porte de la maison du sire de Rochibond.

— Attendez-moi, dit Mauvepin.

Et il disparut sous le porche de la maison de Périne.

Cette maison-là, habitée par du menu peuple du rez-de-chaussée aux combles, n'était close ni jour ni nuit. On y entrait comme dans une hôtellerie, et Mauvepin arriva, à onze heures du soir, aussi facilement chez l'escholière que deux heures auparavant.

Périne, assise sur son lit, versait de grosses larmes depuis le départ de Mauvepin, et n'avait point songé à refermer sa porte.

Elle poussa un nouveau cri de joie en voyant reparaître Mauvepin.

— Ah ! vous voilà ! dit-elle ; cette fois, vous ne vous en irez plus...

— C'est ce qui te trompe ! dit Mauvepin, qui s'élança pour la seconde fois sur le toit et gagna son échelle de corde, qui pendait toujours dans la cour du sire de Rochibond.

Cependant, avant de redescendre, Mauvepin se pen-

cha prudemment au bord du toit pour voir ce qu'il
avait de nouveau. La cour était déserte, la fenêtre d
la salle éclairée, et Mauvepin vit la table entourée pa
les seize bourgeois.

Madame de Montpensier les présidait toujours.

Seulement le duc de Guise n'était plus là.

— Diable! murmura le fou, est-ce qu'il serait parti
Je me suis dit pourtant, tout le long du chemin, qu'i
serait merveilleusement logé dans le donjon de Vincennes.

Et Mauvepin se laissa glisser dans la cour, et lors
qu'il en eut touché le sol, il vint jusqu'au pied d
l'arbre sur lequel il avait laissé celui qu'il appelai
l'*ami du roi*.

Mais la branche était veuve de son hôte.

Mauvepin eut beau se crever les yeux à regarder e
l'air, les feuilles de l'arbre étaient clair-semées, et il lu
fut facile de se convaincre que l'*ami du roi* avait quitt
son poste d'obseravtion.

Où était-il?

Mauvepin songea un moment à le chercher et à pé
nétrer même dans la maison, mais il entendit la voi
de la duchesse qui disait :

— Messeigneurs, puisque tout est prêt, séparons-nou
et demain soir que chacun soit à son poste.

— C'est ce que nous verrons bien! murmura Mau
vepin.

Et il courut à la porte de la cour, laquelle, se trou
vant à deux vantaux, était maintenue au dedans pa
une barre de fer.

La barre de fer soulevée, la porte s'ouvrait tout
seule.

Mauvepin exécuta cette manœuvre et cria :

— A moi !

A ce cri, M. de Crillon et ses gens pénétrèrent dans la cour.

En même temps, il se fit un grand remue-ménage dans la salle où les conspirateurs étaient réunis, et l'un d'eux courut à la fenêtre en disant :

— Qui donc est là ?

C'était le sire de Rochibond qui posait cette question.

Crillon répondit simplement :

— Les gens du roi !

Et ayant ordonné de refermer la porte, il fit tirer les épées du fourreau.

VII

Qu'était donc devenu celui que Mauvepin nommait l'*ami du roi ?* Pour le savoir pénétrons dans la salle du conseil que tenait la duchesse.

Tandis que Mauvepin courait au Louvre, et que l'ami du roi ne bougeait de sa branche, on discutait dans la salle un assez joli plan de révolte.

Chacun des seize bourgeois prenait la parole à son tour et exposait les ressources de son quartier.

On pouvait compter sur telle rue, il fallait se défier de telle autre.

Celui qui représentait le quartier des halles aux cuirs avoua humblement que les tanneurs, gens indifférents en matières religieuses, étaient dévoués au roi.

Un autre, plus heureux, affirma que la rue aux Ours était pour la Ligue.

Enfin, le sire de Rochibond prit la parole et dit :

— Vous le voyez, madame, nous sommes prêts et nous n'attendons qu'un chef.

— Ce chef, dit la duchesse, je vous l'ai déjà montré.

Et, de nouveau, elle présenta son frère.

— Vive monseigneur le duc de Guise! crièrent les bourgeois.

— Messeigneurs, dit le duc, pour que je sois votre chef, il faut que vous vous souleviez d'abord, que vous construisiez vos premières barricades... que vous me demandiez à cor et à cris... et alors je ne pourrai refuser, et on ne m'accusera point d'avoir voulu renverser le roi.

— C'est juste, dirent plusieurs bourgeois.

— Mais, dit encore le sire de Rochibond, pour commencer les barricades il nous faut un prétexte.

— Lequel?

— Par exemple, un bourgeois maltraité par les gens du roi.

— Eh bien! la chose est facile... envoyez quelque pauvre hère dans un cabaret plein de gardes ou de Suisses..., et, s'il en sort vivant, c'est qu'il aura du bonheur... Adieu, messeigneurs!

Et le duc de Guise se dirigea vers la porte.

— Vous nous quittez, mon frère? demanda la duchesse.

— Oui, madame. J'ai, moi aussi, quelques dispositions à prendre... Nous nous reverrons chez vous... demain matin.

Et le duc sortit.

Il descendit d'abord dans la cour; mais au lieu de se diriger vers la porte qui donnait sur la rue des Lions, il prit un étroit passage qui réunissait la cour au jardin, songeant sans doute à sortir de chez le sire de Rochibond par la porte qui donnait sur la ruelle.

Le jardin était planté de vieux arbres, comme la cour.

Le duc y fit une trentaine de pas, puis s'arrêta brusquement.

Il avait entendu marcher derrière lui.

En effet, un cavalier, le nez dans son manteau et son chapeau sur les yeux, venait à lui d'un pas rapide.

Le duc porta la main à la garde de son épée.

L'homme qui venait à lui en fit autant.

— Qui êtes vous? fit le duc.

Pour toute réponse, l'inconnu dégaîna.

Alors le duc s'aperçut qu'il avait un masque sur le visage. — A moi! cria-t-il.

L'inconnu lui dit d'une voix railleuse :

— Auriez-vous donc peur, monseigneur? Vous voyez bien que je suis seul.

— Qui êtes-vous ? reprit le duc.

— Si vous me jurez de ne point appeler à votre aide je vous le dirai.

— Me jurez-vous que vous êtes seul?

— Oui.

— Eh bien ! je jure de ne point appeler.

— Alors, dit l'homme masqué, rassemblez vos souvenirs, monseigneur. Une nuit, il y a dix ans, au temps du roi Charles IX, nous nous sommes battus, comme nous allons nous battre encore... et vous me laissâtes pour mort au seuil du cabaret de Malican le Béarnais.

— Ah! c'est vous ! s'écria le duc qui se souvint.

— C'est moi.

— Eh bien ! en garde, alors, en garde !

Et le duc se rua furieux sur son adversaire.

— Mon cher duc, disait le cavalier masqué, j'ai fait des progrès en escrime, comme vous voyez, et je viens justement de parer la botte qui m'étendit par terre, il y a dix ans.

— Eh bien ! parez celle-là ! dit le duc avec colère.

— C'est fait, comme vous voyez...

Le duc poussa un cri de rage.

— Je vous en ménage une autre, moi, reprit le cavalier masqué, mais je ne veux vous la porter que lorsque nous aurons causé quelque peu.

— Ah ! ah ! fit le duc.

— Tenez, poursuivit le cavalier, convenez d'une chose...

— Parlez :

Et le duc se fendit à nouveau, et à nouveau son épée fila dans le vide.

— Le roi Charles IX est mort, le duc d'Anjou est mort, le roi Henri III n'a pas d'enfants, et les Parisiens songent à le déposer.

— Après ?

— Si le roi de Navarre, qui est plus près du trône que vous, et qui, comme le roi Henri III, n'avait pas d'enfants, venait à mourir, vous seriez roi demain.

— C'est vrai !

— Eh bien ! convenez-en, mon cousin, dit le roi de Navarre, car, on l'a deviné, c'était lui qui venait de croiser le fer avec le duc de Guise, si vous me pouviez occire en ce moment, vous n'auriez plus besoin de tous ces bourgeois avec qui vous conspirez...

— Vous avez raison, mon cousin.

Et le duc se fendit une troisième fois inutilement.

Alors commença entre ces deux hommes un combat acharné.

Le duc était furieux, Henri était railleur.

Le duc attaquait avec furie, Henri parait avec précision.

Puis il vint un moment où les rôles changèrent, où ce fut Henri qui attaqua, tandis que le duc avait peine à se défendre.

Et le duc rompit.

Trois fois l'épée de Henri de Navarre se teignit du sang de Henri de Guise, trois fois le duc recula.

Et à force de rompre, il se trouva acculé contre le mur du jardin, le dos appuyé contre la petite porte de la ruelle...

— Tiens! dit Henri, je vais vous clouer là, mon cousin... comme un oiseau de proie sur la porte d'une grange.

Et le roi de Navarre se fendit à son tour.

Le duc se vit perdu. L'épée de Henri lui arrivait en pleine poitrine et il était trop tard pour parer le coup. Mais l'instinct de conservation qui existe chez tous les hommes lui fit faire un violent effort et le sauva.

Il se jeta en arrière, comme s'il n'eût pas déjà été adossé à la porte de la ruelle, et la secousse qu'il lui imprima fut si forte que cette porte céda...

Le duc faillit tomber à la renverse, mais à peine fut-il effleuré par l'épée de son adversaire... et il se trouva dans la ruelle, tandis que Henri était encore dans le jardin.

Ce qui se passa alors eut la durée d'un éclair et est impossible à raconter.

Pour la première fois de sa vie, le duc eut peur...

Il eut peur de mourir, peut-être bien parce qu'il était plus près de régner...

Et, s'exaltant dans ce sentiment étrange et tout nouveau pour lui, il poussa la porte sur le nez de Henri stupéfait et prit la fuite...

Il se sauva comme un truand qui a les archers à ses trousses.

Et, chose assez bizarre ! la porte du jardin, poussée avec violence, se referma, et le pène de la serrure mordit dans la gâche.

De telle façon que Henri se trouva séparé du duc et secoua en vain cette porte.

Quant au duc, il atteignit l'extrémité de la ruelle et ne s'arrêta que dans la rue Saint-Antoine.

Là seulement il se prit à réfléchir, et le résultat de ses réflexions se traduisit ainsi :

— J'ai fui comme un lâche devant le roi de Navarre, alors que j'aurais dû le tuer ! Il faut donc qu'il meure, ou je suis un homme à tout jamais déshonoré. Or, pour que le roi de Navarre meure, que faut-il ? Il faut que les bourgeois réunis chez Rochibond se trouvent cachés en quelque coin. Son épée est vaillante, mais la balle d'un pistolet porte plus sûrement la mort.

Comme il se parlait ainsi, le duc entendit le pas régulier d'une troupe de gens armés, et il se jeta sous le porche d'une maison et s'y dissimula dans l'ombre.

Était-ce une ronde bourgeoise ?

Était-ce le chevalier du guet et ses sergents ?

Le duc, immobile, les vit passer et reconnut les gens du roi.

C'était Crillon et sa troupe.

Le duc vit les gens du roi prendre la rue des Lions, car le porche où il s'était réfugié était vis-à-vis ; puis une portion d'entre eux revenir dans la rue Saint-Antoine et investir la ruelle.

Alors il ne douta plus et comprit que la maison du sire de Rochibond allait être attaquée.

Et le courage revint au duc de Guise ; il quitta son porche et se dirigea en courant vers la porte Saint-Antoine. Là se trouvait un poste de milice bourgeoise, gens dévoués à la Ligue, catholiques ardents, ennemis jurés du roi.

Les uns dormaient tout vêtus, les autres jouaient aux dés ou buvaient.

Tous étaient armés.

Le duc tomba au milieu d'eux comme la foudre et leur dit :

— Les gens du roi veulent arrêter Rochibond et les chefs des bourgeois... Venez ! venez ! à moi ! à moi !

Et le duc se mit à leur tête et les conduisit au secours de la maison dont Crillon venait d'entreprendre le siége

VIII

Depuis longtemps madame la duchesse de Montpensier sentait bouillonner en elle des ardeurs inassouvies, une fièvre batailleuse qui était inhérente à son vieux sang lorrain, et plus d'une fois accusant ses frères d'inertie, elle s'était écriée qu'elle voudrait être homme pour avoir une épée au côté et un éperon tapageur au talon.

Certes, l'occasion qui se présentait en ce moment était belle...

Le duc de Guise était parti, — sa sœur était seule au milieu de bourgeois plus fanfarons que braves, et la maison dans laquelle elle se trouvait était cernée par les gens du roi.

La duchesse se leva donc à la voix de Crillon, l'œil en feu, la tête fièrement rejetée en arrière, et elle mit la main sur la crosse de deux pistolets mignons qu'elle avait passés à sa ceinture.

Crillon disait :

— Ouvrez ! ouvrez aux gens du roi !

La duchesse répondit :

— Fermez les portes ! résistons !

Et comme il y avait eu un premier mouvement d'indécision et presque de terreur parmi les bourgeois, elle s'écria :

— Vous vouliez une occasion, c'est-à-dire un prétexte pour faire des barricades : eh bien, le moment est venu ?

La voix de madame de Montpensier électrisa les ligueurs, et les seize bourgeois se levèrent comme un seul homme.

On ferma les portes, on entassa derrière les siéges et les tables.

Puis, ouvrant une fenêtre, le sire de Rochibond, qui était le plus hardi de tous s'y montra, et dit aux gens du roi :

— Que voulez-vous ?

— Nous voulons, répondit Crillon, que vous mettiez bas les armes... d'abord.

Rochibond répondit :

— Nous sommes bourgeois de Paris, armés pour la défense de la sainte Ligue, et nous ne déposerons pas les armes.

— Même si le roi l'ordonne ?

— Même contre la volonté du roi, répondit le sire de Rochibond.

Crillon continua :

— Nous voulons ensuite que vous nous livriez le duc de Guise.

— Il n'est point ici.

— Et la duchesse Anne de Lorraine, sa sœur.

— Nous refusons !

— Alors, dit Crillon, attaquez les portes, mes enfants ? On passera tout ce monde-là au fil de l'épée.

Et Crillon prit une arquebuse des mains d'un des gardes, et se mit à entamer la porte à coups de crosse.

Le sire de Rochibond disparut de la fenêtre, mais un autre bourgeois l'y remplaça.

Soudain un éclair brilla, une détonation ébranla l'espace et une balle vint ricocher sur la cuirasse de Crillon et alla tuer un garde à ses côtés.

— Cordieu ! murmura Mauvepin, l'affaire sera chaude.

Et, prenant un pistolet à sa ceinture, il ajusta le bourgeois demeuré triomphant à la fenêtre et l'abattit comme un pigeon.

Ces deux coups de feu, ces deux cadavres furent le signal de la bataille.

Les gardes du roi dans la cour, les bourgeois par les fenêtres, échangèrent des arquebusades.

Crillon s'arma d'une hache et, sous une grêle de balles, il enfonça tranquillement la porte de la maison.

Les gardes y pénétrèrent et trouvèrent les bourgeois dans l'escalier. Une mêlée sanglante commença ; on se battit corps à corps, à coups de dague, à coups d'épée, à coups de crosse de fusil.

En entendant les arquebusades, les gens que Crillon avait apostés dans la ruelle accoururent, escaladant le mur du jardin.

Un homme s'était mis à leur tête et les conduisait.

Cet homme avait un masque sur le visage.

— Ah! vive Dieu! s'écria Mauvepin en le voyant paraître, voici une fameuse épée qui nous vient!

Mauvepin avait déjà reçu un grand coup de crosse sur la tête, et il avait le crâne ensanglanté; mais, bien que le sang l'aveuglât, il se battait comme un lion.

Crillon, en tête de ses gardes, venait de conquérir l'escalier.

Mais les bourgeois avaient l'avantage de la position.

Ils s'abritaient derrière les portes, tandis que le gens du roi étaient perpétuellement à découvert, e ceux-ci perdaient trois hommes contre un.

Crillon avait dédaigné de tirer son épée.

— Une crosse d'arquebuse est assez bonne pour tue des bourgeois! criait-il.

Et, en effet, chaque fois que la terrible crosse rencoi tra le crâne d'un ligueur, le ligueur tomba pour n plus se relever.

Mais la duchesse, insoucieuse de sa propre conserva tion, s'était mise au premier rang, et, tout à coup ell ajusta Crillon avec un pistolet et lui cria :

— Hé! monsieur le chevalier, le roi va faire un grande perte en vous perdant!

Et elle fit feu...

Le bras de Crillon, qui faisait le moulinet avec un arquebuse, retomba inerte, et l'arquebuse roula s le sol.

La balle de madame de Montpensier avait cassé bras du grand Crillon.

Le chevalier eut un cri de fureur, puis avec sa main gauche il tira son épée.

— Ah! madame, cria-t-il, vous visiez mal. C'était au cœur qu'il fallait frapper... et le roi n'a perdu que mon bras droit! Or, je suis gaucher quand il le faut !

Le cavalier masqué arrivait en ce moment avec les quinze gardes laissés dans la ruelle.

L'escalier fut emporté, les ligueurs plièrent et se réfugièrent dans les salles voisines.

— Sus! sus! criait le colonel des gardes françaises, le simple et loyal Crillon. Hâtons-nous de dépêcher toute cette canaille, mes bons amis!

On fit le siége de chaque salle.

Crillon disait !

— Surtout ne tuez pas la belle duchesse. Le sang des femmes porte malheur!

— Excepté au bourreau, dit le cavalier masqué.

— Ah! s'écria madame de Montpensier, qui, pour la seconde fois, ajustait Crillon, je reconnais cette voix.

Et elle fit feu sur l'homme au masque.

Mais celui-ci baissa la tête et la balle se perdit.

En même temps il fit un bond prodigieux, passa comme un ouragan sur les défenseurs de la duchesse, la prit à bras le corps, la serra à l'étouffer et lui dit :

— Ah! ma belle cousine, nous ne sommes plus au château d'Angers !

— Lui! toujours lui! vociféra la duchesse, qui avait l'écume à la bouche.

De trente qu'ils étaient au commencement de la bataille, les gardes du roi n'étaient plus que quinze, ma les bourgeois restaient sept ou huit.

La duchesse aux mains du cavalier masqué, l'affaire fut bientôt finie.

Cinq bourgeois se rendirent; trois autres qui résistèrent furent assommés.

— Nous sommes les maîtres! s'écria Crillon, qui ne pensait plus à son bras cassé.

Mais Mauvepin s'écria :

— Pas encore! écoutez plutôt!...

Et, en effet, une rumeur immense, terrible, pareille au bruit des flots en courroux, retentissait à l'entour de la maison.

C'était le duc de Guise qui avait éveillé le poste de la porte Saint-Antoine, et le quartier tout entier qui se levait en armes aux cris de :

— Mort aux gens du roi!

Crillon se mit tour à tour aux croisées qui donnaient sur la cour et à celles qui prenaient jour sur le jardin.

Par les croisées de la cour, il vit que le peuple enfonçait les portes.

Par les autres, il aperçut une centaine de bourgeois armés qui escaladaient les murs du jardin.

Et Crillon compta ceux qui étaient autour de lui, et dit froidement à Mauvepin :

— C'est nous qui allons soutenir le siége maintenant. Les cadavres nous serviront à barricader les portes.

— Combien sommes-nous? demanda l'homme masqué.

— Sire, dit Crillon, vous et moi nous valons vingt hommes, et quinze qui nous restent, cela fait trente-cinq.

— Eh bien! s'écria le roi de Navarre qui jeta son masque, voilà de quoi résister douze heures!

— A notre tour, barricadons les portes et chargeons les mousquets ! dit Crillon.

— Et moi, dit Mauvepin, je vais chercher les Suisses.

— Quels Suisses ?

— Ceux du roi !

Mauvepin sauta par une croisée, passa sur les dix premiers bourgeois qui venaient de pénétrer dans la cour, attrappa l'échelle de corde et remonta sur le toit de la maison voisine si lestement que nul ne songea à l'y suivre.

Périne s'était évanouie au bruit des arquebusades.

Mauvepin passa sur son corps, ôta son pourpoint de gentilhomme, se mit en manches de chemise, et, simplement armé d'une dague, il s'élança dans la rue.

— Place ! place ! cria-t-il en se jetant tête baissée dans la foule, place aux bons catholiques que ce mécréant de roi Henri fait égorger ?

Comme il avait la tête en sang, on le prit pour un bourgeois, et on le laissa passer.

Et Mauvepin prit ses jambes à son cou et s'en alla tout courant vers le Louvre, où le bruit de la lutte n'était point parvenu !

IX

Tandis que Crillon se battait, le roi installait ses Suisses.

Il avait pris la moitié du Louvre pour les loger provisoirement.

Ce qui n'avait pu trouver place au dedans couchait au dehors dans les cours.

— Ah ! les belles troupes ? les belles troupes ? disait-il avec satisfaction en se promenant, une main sur l'épaule de d'Épernon, par les corridors et les salles de son palais.

Toute la population du Louvre était sur pied.

Le Louvre était éclairé comme en plein jour, et il grouillait des Suisses partout. Gardes, pages, valets s'effaçaient devant les Suisses.

A l'exception des appartements de la reine et de celui qu'occupait la reine-mère, les Suisses avaient pris possession de tout le palais, même de la chambre du roi, — car le roi voulait des Suisses désormais pour coucher dans son appartement.

Des Suisses en place de pages.

Lorsque Mauvepin, tout sanglant, arriva au guichet du Louvre, il y trouva des Suisses.

Les Suisses avaient reçu la consigne de ne laisser entrer personne.

— Mordioux ! s'écria Mauvepin qui renversa le premier qui voulut lui barrer le chemin, il faut que je voie le roi.

Mais d'autres Suisses arrivèrent, et comme ils ne connaissaient pas Mauvepin, ils le prirent au collet et voulurent l'arrêter.

Mauvepin distribua des horions à droite et à gauche, planta sa dague dans l'épaule d'un fils de l'Helvétie et cria si haut et si fort qu'il fut entendu du roi.

Le roi était encore dans la cour, s'extasiant sur la beauté de ses Suisses.

Il vint vers le guichet et s'informa.

— Ah ! c'est toi ! dit-il en reconnaissant Mauvepin.

Les Suisses lâchèrent le fou, et seulement alors Henri III s'aperçut qu'il était couvert de sang.

— Sire, dit Mauvepin, c'est au moins singulier qu'il faille vous tuer un Suisse pour arriver jusqu'à vous.

— Tu m'as tué un Suisse ! s'écria le roi.

— On vous en tuera bien d'autres tout à l'heure.

— Tu dis?...

— Je dis que le peuple fait des barricades !

— Allons donc ! tu rêves... dit le roi.

— Qui sait ? fit Mauvepin avec ironie; je rêve peut-être aussi que j'ai la tête ouverte d'un coup de crosse d'arquebuse.

— Des barricades ! on fait des barricades ! murmura le roi stupéfait.

— Du moins on assiége une maison...

— Où cela ?

— Rue des Lions.

— A qui est-elle ?

— Au sire de Rochibond.

— Eh bien ! dit le roi, qu'est-ce que cela me fait ? Sa maison n'est pas le Louvre : qu'il se défende, c'est son affaire.

— Mais, Sire, dit Mauvepin, ce n'est pas lui qu'on attaque.

— Qui donc alors ?

— C'est M. de Crillon.

— Crillon !

— Et les gardes du roi.

— Que sont-ils donc allés faire là-bas ?

Mauvepin raconta en vingt mots ce qui s'était passé.

Le roi l'écouta gravement.

Quand Mauvepin eut fini, il lui dit :

— Tant pis pour Crillon ! pourquoi m'a-t-il désobéi ?

— Mais, Sire, si je ne me hâte de lui amener du secours, M. de Crillon est perdu.

— Bah ! dit le roi, c'est une jolie épée, va ?

— Les bourgeois sont trois cents au moins...

— Peuh ! fit Henri avec dédain.

— Sire, Sire, s'écria Mauvepin, laisserez-vous égorM. de Crillon et les gardes du roi ?

— Eh bien ! dit Henri, cherche mes gardes... il doit y en avoir au Louvre... et emmène-les avec toi.

— Mais, Sire, donnez-moi des Suisses ! La cour du Louvre en est pleine.

— Des Suisses ! exclama le roi.

— Sans doute...

— Tu es fou, mon mignon.

— Fou ! dit Mauvepin, qui recula frappé de stupeur.

— Eh ! sans doute, acheva le roi. Voici de braves soldats qui viennent d'arriver à marches forcées, qui ont le plus grand besoin de repos, et tu veux que je les fasse écharper par les bourgeois de la rue Saint-Antoine !

Et le roi tourna le dos à Mauvepin.

— Sire, lui cria le fou, gardez vos Suisses, je vais mourir à côté de M. de Crillon !

Et il bouscula les Suisses du guichet et s'élança hors du Louvre.

. . . .

Cependant Crillon se battait en désespéré.

Les quinze hommes étaient réduits à dix.

Mais les dix semblaient en valoir trente.

Quant au roi de Navarre, il avait amoncelé des cadavres de bourgeois autour de lui.

Il fallut près de trois quarts d'heure à Mauvepin pour aller au Louvre et en revenir.

Pendant ces trois quarts d'heure Crillon et le roi de Navarre firent des prodiges, mais ils perdirent successivement chacune de leurs positions.

Le flot populaire montait toujours, et les cris : Mort aux gens du roi! se répercutaient dans le quartier comme un glas funèbre.

Mais Crillon et le roi de Navarre avaient conservé leurs prisonniers, et parmi eux la duchesse de Montpensier.

Henri avait mis un garde auprès d'elle et lui avait dit :

— Si elle essaye de s'échapper, tuez-la.

Il fallut abandonner le premier étage de la maison et se réfugier au second.

En ce moment, Mauvepin arriva. Les bourgeois crurent qu'il était avec eux et le laissèrent entrer dans la cour.

De la cour, il gagna l'escalier, se fit jour à coups d'épée et rejoignit Crillon.

— Le roi garde ses Suisses, dit-il, le roi craint de les gâter!

— Et vous êtes seul? fit Crillon.

— Seul! murmura Mauvepin avec accablement.

— Eh bien! il faut mourir ou vaincre, dit Henri qui, une fois encore, venait de porter bas un bourgeois.

— Non, Sire, dit Crillon, il faut vous sauver! le trône de France finirait par être vacant.

Et Crillon, prenant une résolution subite, ajouta, l'œil brillant d'éclairs :

— Nous allons faire retraite jusqu'au Louvre... Venez, suivez-moi!

Alors le bon chevalier, avec le bras qui lui restait,

jetant son épée, s'empara de madame de Montpensier, l'enleva de terre et, la passant à Henri :

— Sire, lui dit-il, voilà une cuirasse à l'épreuve du fer et du plomb.

Henri comprit et saisit la duchesse dans ses bras.

La duchesse jeta un cri.

Les bourgeois cessèrent le feu, de crainte de blesser la prisonnière.

Mauvepin appuya la pointe de son épée sur la gorge de madame de Montpensier à demi-évanouie de terreur et cria :

— Si vous ne nous faites pas place, je la tue!

Et le feu cessa, les épées s'abaissèrent, le peuple de Paris trembla pour son idole, et la foule s'écarta.

Alors commença à s'opérer une retraite héroïque.

Semblables aux dix mille chantés par Xénophon, ces dix hommes s'ouvrirent à coups d'épée une route à travers un flot de peuple irrité et grouillant comme une légion de rats.

Ils mirent une heure à sortir de la rue des Lions.

Dans la rue Saint-Antoine, un coup d'arquebuse partit d'une fenêtre et vint tuer un des gardes.

Crillon appuya à son tour son épée sur la poitrine de la duchesse et la duchesse jeta un cri d'effroi.

— Ne tirez pas! ne tirez pas! cria la foule.

Et ils furent sauvés...

Ils sortirent de la rue Saint-Antoine et gagnèrent le bord de l'eau.

Là, les factieux étaient moins nombreux; mais, comme ils ne savaient plus de quoi il était question, ils obéirent au cri de *Mort aux gens du roi!* et le combat recommença.

Trois gardes tombèrent encore, et Crillon et Mauvepin étaient criblés de coups d'épée.

Seul, le roi de Navarre était sain et sauf, bien qu'il se fût battu comme un lion.

Enfin le guichet du Louvre s'ouvrit, et le populaire cessa de poursuivre Crillon et ses hommes.

— Madame, dit alors Henri en posant la duchesse à terre, me voici en lieu sûr, je vous remercie de la conduite.

Et il franchit d'un bond le seuil du Louvre.

Quant à Crillon, il venait de s'affaiser tout sanglant dans les bras de Mauvepin, moins sérieusement blessé en lui disant :

— Je crois, cette fois, que j'ai mon compte !

Mauvepin jeta un cri, un cri que répéta le roi de Navarre, lequel accourut et soutint pareillement le vieux capitaine dans ses bras.

Crillon prononça quelques mots encore et s'évanouit.

— Dites au roi, fit-il d'une voix éteinte, qu'il a bien fait de ménager ses Suisses.

Et, comme le grand capitaine fermait les yeux, une rumeur immense s'éleva, qui, rapide et sourde comme l'ouragan, parcourut le Louvre en un clin d'œil :

— Crillon est mort ! disait-elle.

X

Quand le jour parut, Paris était calme, et l'on eût vainement cherché, du Louvre à la rue Saint-Antoine, la moindre trace de la lutte nocturne.

Les bourgeois avaient ouvert leurs boutiques, les ouvriers étaient retournés à leur besogne quotidienne.

Les cadavres qui jonchaient la maison du sire de Rochibond avaient été enlevés; on avait lavé le sang qui coulait dans les rues...

Bref, un honnête provincial qui serait entré dans Paris, à l'aube, par la porte Saint-Antoine, ne se fût point douté que quelques heures auparavant on s'était battu avec un acharnement inouï.

Comment s'était opérée cette transformation presque subite?

Un orage du ciel avait calmé l'orage humain. Il avait plu à verse à deux heures du matin, et le Parisien, qui se rit du fer et du feu, n'a jamais tenu contre la pluie.

Cependant le roi n'avait pas dormi.

Henri III avait fini par se repentir de n'avoir pas envoyé quelques Suisses au secours de Crillon, car, pendant les premières heures qui avaient suivi le retour de ce dernier au Louvre, on l'avait cru mort.

Après avoir perdu beaucoup de sang, le grand capitaine était demeuré évanoui plusieurs heures.

Pourtant les médecins du roi, après avoir sondé les blessures, avaient déclaré que Crillon ne mourrait pas.

Le roi avait fait prendre d'heure en heure des nouvelles de Crillon, mais il n'était point sorti de son appartement et n'était pas allé le voir.

Donc, au jour, Paris était tranquille.

Le roi se mit à la fenêtre et aspira une bouffée de grand air. Puis il appela un page et lui dit:

— Va-t'en me quérir Mauvepin.

Mauvepin arriva cinq minutes après.

Le fou avait des bandelettes autour du front, un bras en écharpe, et marchait en boitant.

Le roi prit un air sévère en le voyant entrer.

— Eh bien! monsieur, lui dit-il, voilà où conduit la désobéissance aux volontés de son roi.

Mauvepin se tut, mais il prit un air indifférent, alla s'accouder à l'entablement de la croisée et regarda couler la Seine.

Le roi se radoucit quelque peu et continua :

— Je vous avait pourtant bien dit, à Crillon et à toi, de laisser en paix tous ces bourgeois.

Mauvepin ne répondit pas.

— Ah çà! fit le roi, comment va-t-il, M. de Crillon?

— Mal! dit Mauvepin d'un ton bourru.

— Crois-tu donc qu'il puisse en mourir? demanda le roi avec inquiétude.

— Je ne suis pas médecin, Sire.

— Mais que disent les médecins?

— Ils disent que Votre Majesté ayant désormais des Suisses pour la défendre...

— Maître Mauvepin, dit le roi, je crois que vous me manquez de respect!

— Je ne sais pas, répliqua Mauvepin ; mes blessures me font souffrir. Il est bien possible que je n'aie pas la parole mesurée : mais, puisque Votre Majesté m'a fait venir, c'est qu'elle a sans doute des ordres à me donner?

— Non, dit le roi.

— Alors que Votre Majesté daigne m'excuser.

Et Mauvepin fit un pas vers la porte.

— Où vas-tu?

— Je vais me coucher... j'ai passé la nuit au chevet de M. de Crillon.

— Souffres-tu beaucoup?

— Oh! dame! fit Mauvepin d'un ton dédaigneux, je

n'ai pas la peau dure comme les Suisses, mais je ne suis pas un héros...

— Mauvepin!...

— Et je souffre de mes blessures assez pour prier Votre Majesté, auprès de qui je suis déjà en disgrâce, de m'exiler dans le château de mon père, en Languedoc.

— Comment! tu veux me quitter?

— Je me soignerai, Sire.

— Mais tu te soigneras tout aussi bien au Louvre.

— Non, l'air n'y est pas sain pour les blessés.

— Mauvepin, tu railles!...

— Et puis, acheva le fou, il n'y a plus de place au Louvre, les Suisses ont tout pris. J'en ai trouvé un couché dans ma chambre.

— Mais, dit Henri III, tout cela n'est que provisoire... On les casernera dans Paris.

— Votre Majesté aurait tort de leur faire quitter le Louvre.

— Et pourquoi?

— Car enfin, poursuivit dédaigneusement Mauvepin, si le sang de ces nobles montagnards est trop précieux pour qu'on le verse dans les rues, peut-être Votre Majesté consentira-t-elle à le voir couler derrière les murs d'une place assiégée.

— Maître Mauvepin, dit le roi, je suis bon prince aujourd'hui. Je vous passe vos impertinences...

Mauvepin salua.

— Mais à la condition, poursuivit Henri III, que vous parlerez clairement.

— Ah! fit Mauvepin.

— De quelle place assiégée parles-tu?

— Mais... du Louvre...

Henri hausssa les épaules.

— Ce n'est pas trop de huit mille Suisses, poursuivit Mauvepin.

— Mais pour quoi faire ?

— Pour défendre le Louvre assiégé, car on en fera le siége.

— Qui donc ?

— Le peuple de Paris, Sire.

— Tu es fou, mon pauvre Mauvepin !

— Par exemple, demain, à cette heure-ci, il pourrait se faire que l'attaque commençât.

— Pasques Dieu ! comme disait le roi Louis XI, s'écria Henri III, nous verrons bien !

— Alors, vous comprenez, Sire : les blessés, les gens inutiles, comme M. de Crillon et moi, embarrassent fort dans une place assiégée.

— Mauvepin, dit le roi, trêve de plaisanteries !

— Je ne plaisante plus, Sire, n'étant plus le fou du roi.

— Comment ! tu n'es plus mon fou ?

— J'ai cédé mes grelots à un Suisse.

Cette fois, au lieu de se fâcher, le roi se mit à rire.

— Voyons, dit-il, tu n'es pas si blessé que tu le dis, et tu pourras bien monter à cheval ?

— Pourquoi cela, Sire ?

— Mais pour m'accompagner.

— Où donc ?

— A Saint-Denis. As-tu donc oublié que c'est le jour des funérailles de mon frère d'Anjou ?

— Non, mais...

— Tu comprends que je conduirai le deuil.

— Naturellement, dit Mauvepin, seulement, je crois que Votre Majesté fera bien de déjeuner avant partir.

— Pourquoi donc ?

— Il y a loin de Saint-Denis à Saint-Cloud.

— Mais je n'irai pas à Saint-Cloud.

— Votre Majesté n'espère pourtant pas revenir coucher au Louvre.

— Et pourquoi pas ?

— Mais, dit froidement Mauvepin, parce que, lorsque le roi reviendra, le Louvre sera pris.

— Tu es fou ! archifou ! répéta Henri III.

En ce moment il se fit un grand bruit au dehors, et le roi, se remettant à la fenêtre, vit une trentaine d'hommes à cheval qui s'avançaient vers le Louvre.

Au milieu d'eux était un cavalier qui portait une plume blanche à son casque.

Le roi et Mauvepin le reconnurent sur-le-champ.

C'était monseigneur le duc de Guise.

Le duc et ses cavaliers s'arrêtèrent au guichet du Louvre et parlementèrent avec les Suisses qui gardaient les portes.

— Oh ! oh ! fit le roi, mon cousin de Guise me vient visiter un peu matin. Que me veut-il ?

— Voilà, dit Mauvepin, qui prit un air naïf, ce qu'il me serait impossible de dire à Votre Majesté.

La voix du duc, qui parlait haut et fort, monta jusqu'aux oreilles de Henri et de Mauvepin.

— Je veux parler au roi ! disait-il.

Un officier suisse répondit :

— Le roi dort.

— Eh bien ! fit le duc d'un ton dédaigneux, on l'éveillera.

— Peste ! dit Mauvepin, je gage que, lorsque le duc sera roi, il ne voudra pas être éveillé à six heures du matin.

— Tu crois donc qu'il sera roi? fit Henri III avec ironie.

— Parbleu?

— Et de quel pays?

— Roi de France, donc. Et il habitera le Louvre...

Le roi eut un geste de colère.

— Mais, acheva Mauvepin, puisque Votre Majesté règne encore... et qu'elle ne dort pas...

Le roi se pencha au dehors et cria :

— Montez donc, monsieur mon cousin, je suis prêt à vous recevoir.

A la voix du roi, les portes s'ouvrirent et le duc et son escorte entrèrent dans le Louvre, l'épée au poing et le heaume en tête.

— Sire, dit Mauvepin, Votre Majesté va me permettre d'entrer là.

Et il désignait la porte d'un cabinet.

— Pourquoi donc?

— Je veux faire une expérience.

— Laquelle?

— Je veux savoir si Votre Majesté a réellement envie de régner, ou bien si elle songe sournoisement à abdiquer en faveur de son beau cousin le duc de Guise!

Et Mauvepin se glissa dans le cabinet et s'y enferma, tandis que le roi donnait l'ordre d'introduire le duc.

XI

Au moment où la porte du cabinet se refermait sur Mauvepin, le duc de Guise entra.

Il était armé de toutes pièces, il avait l'épée au côté

et la dague au flanc, et la croix blanche de Lorraine étoilait sa cuirasse.

Le roi, lui, était en pourpoint du matin, ouvert et les manches larges.

Il avait la tête nue, il était chaussé de pantoufles.

Il avait même oublié en se levant de ceindre son épée.

Bien qu'il n'eût encore que trente et un ans, Henri III était presque chauve, et son visage amaigri témoignait d'une existence que les chagrins et les plaisirs avaient tourmentée tour à tour.

Il y avait longtemps que le duc de Guise et le roi ne s'étaient vus.

Le duc fut frappé de la maigreur du roi et de sa pâleur presque livide.

Le roi trouva que le duc avait une belle mine et suait la santé.

Puis il lui passa comme un frisson dans les veines, à un souvenir confus.

Le souvenir du rêve bizarre qu'il avait fait et dans lequel il s'était vu moine, tandis qu'un cavalier parcourait les rues de Paris et était acclamé du titre de roi.

Il sembla au roi que l'armure du duc était en tout pareille à celle qu'il avait vue en songe, enveloppant des pieds à la tête ce monarque inconnu.

Mais le vieux sang des Valois, si dégénéré qu'il pût être, avait des retours de fierté, des accès de grandeur irrésistible.

Henri III comprit qu'il ne pouvait et ne devait pas trembler devant un prince, son vassal.

— Sire, dit le duc, qui prit une attitude arrogante et éleva singulièrement la voix, je viens me plaindre à Votre Majesté.

— Ah! fit le roi avec calme.

Et il s'assit dans un grand fauteuil dont le dossier portait les armes de France.

— Sire, continua le duc, les gens de Votre Majesté ont commis des crimes cette nuit.

— Ah! pardon! interrompit le roi, je vous demanderai, monsieur mon cousin, un simple éclaircissement.

Le duc fronça le sourcil.

— J'attends, dit-il, que Votre Majesté m'interroge.

— Est-ce une audience que vous me demandez?

— Oui, Sire.

— A moi, le roi?

— A vous, Henri troisième du nom, roi de France.

— Et cette audience, au nom de quel souverain me la demandez-vous?

— En mon nom, Sire.

— C'est singulier, dit le roi d'un ton glacé, je vous ai cru ambassadeur de l'empereur d'Allemagne.

— Sire...

— Ou du roi d'Espagne...

— Sire, trêve de railleries!

— Car, poursuivit Henri III avec dédain, si c'est le duc Henri de Lorraine qui me demande audience, il a sûrement perdu la mémoire...

— Pourquoi cela?

— Et il oublie qu'on ne parle au roi de France que tête nue.

Ces mots firent reculer le duc, mais le regard du roi le domina, et il balbutia quelques mots d'excuses.

Puis il délaça la mentonnière de son casque et le posa sur un dressoir qu'il avait à la portée de sa main.

— En outre, continua le roi, vous oubliez encore

qu'on ne se présente devant moi, le roi, que sans cuirasse et sans épée.

Fasciné par ce ton d'autorité royale, le duc dégrafa son ceinturon et posa son épée auprès de son casque.

— Maintenant dit le roi, parlez, monsieur mon cousin. De quoi vous plaignez-vous?

— De vos gens, Sire.

— Précisez, monsieur: est-ce de mes valets, de mes écuyers, de mes pages ou bien de mes gardes?

— De vos gardes, Sire.

— Vous auraient-ils manqué de respect?

— Ils ont fait mieux que cela... ils ont mis une maison à feu et à sang.

— Et où cela?... à Nancy?

— Non, Sire, à Paris.

— Et cette maison vous appartenait?

— Non, Sire, elle était à messire de Rochibond, bourgeois de Paris.

— Ah! oui, fit le roi d'un air naïf, je crois qu'on m'a parlé de cela.

— Une vingtaine de bourgeois ont été tués.

— Peste! et combien de gardes?

— Je ne sais, Sire.

— Tant pis pour eux, dans tous les cas! J'en toucherai un mot à Crillon, et il châtiera ceux qui sont revenus sains et saufs de la bagarre.

— Mais, Sire, M. de Crillon était à leur tête!

— Bah!

— Et c'est lui qui a fait tout le mal...

— Ah! permettez, dit le roi, je demande quelques détails, car il m'est impossible de croire que Crillon, qui est un homme de sens, s'aille mettre inutilement une mauvaise affaire sur les bras.

— Cela est, cependant.

— Voyons, attendez... je vais vous questionner, vous me répondrez.

— Soit! dit le duc, qui dissimulait mal son impatience. Le sire de Rochibond avait réuni quelques amis.

— Je sais cela.

— Ah! fit le duc.

— Et parmi eux se trouvait madame la duchesse de Montpensier, votre sœur.

Le duc s'attendait sans doute à cette observation, car il ne sourcilla pas.

— Oui, Sire! dit-il.

— Les bourgeois et votre sœur conspiraient.

— C'est faux, Sire.

— Du moins, c'est Crillon qui le dit.

— M. de Crillon a menti! s'écria le duc avec emportement.

Le roi répondit toujours calme et flegmatique :

— Si Crillon n'était dans son lit et s'il pouvait tenir une épée, je vous conseillerais, mon cousin, d'aller lui porter ce dément à lui-même !

— Mais, Sire...

— Malheureusement, Crillon, dangereusement blessé, garde le lit.

— Et Votre Majesté le croit?...

— Oh! moi, je ne crois rien : seulement, je me demande ce que madame de Montpensier faisait avec ces bourgeois.

— Elle discutait avec eux les intérêts de la Sainte-Ligue.

— C'est différent.

— Je viens donc demander à Votre Majesté le châtiment de ses gardes, Sire.

4.

— Mais, fit le roi, mes gardes ont attaqué des bourgeois de Paris.

— Eh bien?

— Si la chose se fût passée à Nancy, je comprendrais votre réclamation... Mais ici cela est mon affaire.

— Sire, dit le duc, réfléchissez! je demande justice au nom de la Sainte-Ligue.

— Voilà précisément où vous avez tort, monsieur mon cousin.

— J'ai tort! exclama le duc.

— Sans doute.

— Et pourquoi donc, Sire?

— Mais parce que vous n'avez pas qualité pour cela, attendu que c'est moi qui suis le chef suprême de la Ligue.

Le duc pâlit de colère.

— Sire, dit-il, je n'ai pas tout appris à Votre Majesté

— Ah! que me voulez-vous dire encore?

— Un homme s'est battu à côté de M. de Crillon toute la nuit.

— Je gage que c'était mon fou, fit le roi avec bonhomie. Ce diable de Mauvepin est batailleur comme un bas Normand.

— C'était mieux que cela, Sire.

— Et qui donc?

— Un homme qui est l'ennemi acharné de la Ligue, un homme que le pape a excommunié.

— Son nom, monsieur?

— Le roi de Navarre, Sire.

— Allons donc! dit le roi d'un air incrédule, cela ne peut être. Le roi de Navarre sème ses pois, à cette heure, dans son petit royaume, à moins qu'il ne cercle ses tonneaux pour la prochaine vendange.

— Sire, répéta le duc, j'affirme à Votre Majesté que le roi de Navarre est à Paris.

— Vous m'étonnez singulièrement.

— Et qu'il s'est battu côte à côte de M. de Crillon. Il a tué plus de dix bourgeois.

— Au fait, dit le roi, Crillon et le roi de Navarre sont bons amis. Henriot aura voulu secourir Crillon.

— Eh bien? acheva le duc, les gens du roi de France égorgeant les bourgeois de Paris en compagnie de ce huguenot placent Votre Majesté dans une alternative cruelle.

— Laquelle, mon cousin?

— Ou il faut que Votre Majesté livre ses gardes à la colère de la Ligue...

— Y songez-vous, mon cousin?

— Ainsi que le roi de Navarre...

— Mais sais-je où il est?

— Il est au Louvre, Sire.

— Et vous voulez que je le livre aux bourgeois de Paris?

— Agir autrement, Sire, c'est pactiser avec les calvinistes!

Le roi passa la main sur son front et se gratta le bout de l'oreille.

— Après? fit-il.

— Si le roi refuse justice aux gens de Paris, poursuivit Henri de Guise, s'il ne leur livre le roi de Navarre, le peuple se soulèvera.

— Allons donc!

— Paris sera ce soir hérissé de barricades!

— Eh bien! dit tranquillement le roi, je lâcherai mes Suisses à travers Paris, et ils renverseront les barricades.

— Sire, prenez garde !

— Monsieur mon cousin, dit Henri III, qui se leva de son fauteuil et, rejetant la tête en arrière, eut un élan de fierté suprême, c'est vous que j'engage à prendre garde !

— Moi, Sire ?

— Et à me parler avec plus de respect...

Le duc réprima à grand'peine un geste de colère.

— A mon tour, poursuivit le roi, je vous vais donner un conseil.

— J'écoute, Sire.

— Vous allez partir pour Nancy sur-le-champ !

— Et si je refusais...

— Monsieur, dit Henri III, on ne refuse pas de m'obéir quand on est mon vassal !

Et le roi frappa sur un timbre et appela : Mauvepin !

Le fou sortit de sa cachette.

— Va donc me quérir M. d'Épernon, ordonna le roi.

M. d'Épernon était dans l'antichambre, et il entendit prononcer son nom : il entra.

— Monsieur le duc, dit le roi, je vous ai fait colonel général des Suisses. M. de Crillon étant empêché, vous devenez le premier officier de ma maison.

— Oui, Sire, balbutia d'Épernon, qui pâlit à la vue du duc de Guise.

— A ce titre, acheva le roi, je vous ordonne d'arrêter M. le duc que voici.

Henri de Guise jeta un cri et étendit la main vers l'épée qu'il avait posée sur le dressoir.

Mais Mauvepin, agile comme un chat, fit un bond et s'empara de l'épée...

En même temps, le roi cria :

— A moi, mes Suisses, mes gardes !

Et au son de sa voix, les portes s'ouvrirent et le duc se vit entouré de vingt hommes armés.

— A moi, mes Lorrains ! s'écria-t-il à son tour.

Mais le roi haussa les épaules et lui dit :

— Mon cousin, vous allez commettre une grande faute. Je vous fais arrêter par simple mesure de prudence, attendu que je ne veux pas que les Parisiens se servent de vous comme d'un étendard de révolte. Mais, si vous essayez de résister à mes volontés, si un seul de vos hommes tire l'épée du fourreau, vous vous serez rendu coupable du crime de haute trahison... Alors...

— Alors ? fit le duc, qui avait l'écume à la bouche.

— Alors, séance tenante, j'assemble une cour de justice dans cette salle, et dans une heure je vous fais décapiter à la porte de mon palais du Louvre, où vous avez eu l'audace, tout à l'heure, d'entrer comme dans une ville conquise.

L'accent du roi était bref, son œil étincelait; il semblait avoir grandi d'un pied, et Mauvepin et d'Épernon se regardèrent stupéfaits.

Ce n'était plus le roi de France usé, vieilli, fatigué par les plaisirs et las de régner; ce n'était même plus le roi de Pologne insoucieux déjà de son autorité : c'était ce jeune et brillant duc d'Anjou qui avait écrasé les calvinistes à Jarnac et à Moncontour, et en qui un moment on avait cru voir revivre l'âme chevaleresque et batailleuse de son aïeul François Ier.

Le duc de Guise baissa les yeux sous le regard étincelant du roi.

Et peut-être, en ce moment eut-il comme un vague

pressentiment de l'heure dernière et sinistre que lui gardait la destinée.

Cependant, il voulut payer d'audace jusqu'au bout.

— Sire, dit-il, que Votre Majesté prenne garde! Les Parisiens, dont je suis l'idole, assiégeront le Louvre et me délivreront.

— Vous vous trompez, mon cousin, car votre tête tombera juste à la minute où tombera la première porte du Louvre.

Cette fois, le duc sentit un frisson lui passer par tout le corps.

— Allons, monsieur d'Épernon, acheva le roi, je vous confie M. le duc, et sachez que vous m'en répondez sur votre tête!

— Sire, balbutia d'Épernon, qui tremblait sous le poids de la terrible faveur qui lui était faite d'arrêter un prince du sang, où dois-je conduire Son Altesse?

— Dans une salle du Louvre, et vous l'y ferez garder à vue... Allez!

Et le roi tourna le dos au duc.

— Ma foi! dit naïvement Mauvepin, cela est bien, Sire, et je viens de perdre le pari que je m'étais tenu à moi-même.

— Et quel pari avais-tu fait? demanda le roi, tandis que le duc prisonnier sortait entouré de Suisses et de gardes.

— Je m'étais parié que Votre Majesté remercierait le duc de Guise de sa visite, d'abord.

— Et ensuite?

— Ensuite, qu'elle lui livrerait le roi de Navarre.

— Mais où est-il donc le roi de Navarre? fit Henri III.

— Le voilà, Sire, dit une voix au seuil du cabinet royal.

Et Henri de Bourbon, roi de Navarre, entra, donnant la main à la reine-mère, madame Catherine de Médicis.

XII

Henri III ne put se défendre d'un geste d'étonnement, en voyant entrer le roi de Navarre en compagnie de la reine-mère.

Si le duc d'Anjou, roi de Pologne, était absent de Paris au temps de son frère le roi Charles IX, du moins il avait entendu raconter, depuis son avénement au trône, les principaux événements qui avaient précédé le mariage du roi de Navarre avec la princesse Marguerite de France.

Or, parmi ces événements, la haine de madame Catherine pour la maison de Bourbon et la mort de la reine Jeanne d'Albret n'étaient pas les moindres.

Donc, Henri III savait que madame Catherine avait profondément détesté ce petit prince en bottes fortes et en pourpoint de bure qui s'en était venu, un matin, à la cour de France, pour y molester René le Florentin et la narguer, elle, Catherine de Médicis, la vraie souveraine du royaume.

Qu'était devenu René ?

Le monde entier le croyait mort.

Mais ce qui ne pouvait avoir péri, c'était la haine de madame Catherine pour Henri de Bourbon.

Or donc l'étonnement de Henri III fut grand en les voyant pénétrer dans son cabinet ensemble et se tenant par la main.

Comme si la reine-mère eût deviné cet étonnement, elle se hâta de le faire cesser.

— Sire, dit-elle, le roi de Navarre et moi nous sommes amis.

— Amis! exclama le roi.

Et il regarda madame Catherine d'une façon étrange et qui semblait dire : Qui donc de vous deux trompe et trahit l'autre?

— Nous sommes amis, répéta la reine-mère, et je vais vous expliquer pourquoi.

— Ah! voilà, dit le roi, ce que je serai curieux d'apprendre.

— Sire, reprit Catherine, il était une fois un navire qui revenait de la Terre-Sainte.

— Que me contez-vous donc là, madame? demanda le roi ébahi.

— Une histoire, Sire.

— Mais quel rapport?...

— Attendez.

Et la reine continua :

— Sur ce navire, il y avait deux chevaliers. Ils étaient ennemis mortels à cause d'une femme sarrazine que tous deux avaient aimée. Seulement ils avaient fait un vœu, celui de ne se rencontrer en combat singulier que sur la terre d'Europe, étant persuadés que le Christ, pour le tombeau de qui ils venaient de tirer l'épée, considérerait comme une offense et un sacrilége un combat sur la Terre-Sainte.

— Après, madame? fit le roi. Abrégeons, je vous prie.

— Une tempête assaillit le navire; il sombra. Les deux chevaliers se sauvèrent à la nage, et ils atteignirent, épuisés de fatigue, une île sauvage peuplée de bêtes fauves. Alors, Sire, vous devinez ce qui se passa.

— Les deux chevaliers se liguèrent contre les bêtes fauves, n'est-ce pas?

— Justement, et ils devinrent amis.

— Madame, dit le roi, m'expliquerez-vous contre qui mon cousin de Navarre et vous, avez besoin de vous liguer?

— Contre la maison de Lorraine, Sire.

— Oh! fit le roi négligemment, elle n'est plus très à craindre maintenant.

— Erreur! Sire; elle est plus puissante que jamais...

— Soit! mais son chef est prisonnier.

— Gardez-le bien alors, Sire; car s'il vient à sortir du Louvre...

— Eh bien?

— Il pourra bien y rentrer quelques heures après à la tête d'une armée.

— Bah! fit le roi qui reprit une attitude mélancolique et pleine de bonhomie, j'ai mes Suisses.

Catherine secoua la tête :

— Sire, dit-elle, Votre Majesté a trop attendu pour faire acte d'énergie.

— Madame, il est toujours temps de redevenir le maître.

— Non, Sire. Le peuple de Paris ne croit plus à votre autorité.

— Les Suisses lui donneront la foi.

— Si votre Majesté les veut renforcer de quelques centaines de Gascons.

— Des Gascons! fit le roi; et pourquoi faire?

— Pour vous défendre, Sire.

— Soit! mais qui me les donnera ?

— Moi, dit le roi de Navarre, silencieux jusque-là.

— Vous, mon cousin?

— Oui, Sire.

Henri III parut réfléchir.

— Voyons, dit-il enfin, supposons une chose.

— J'écoute Votre Majesté.

— Supposons que le peuple de Paris se révolte, et que, comme a osé me le prédire mon cousin de Guise, il fasse des barricades. Supposons encore que vous veniez à mon secours, vous, mon cousin...

— Je suis prêt, Sire.

— Et que vous battiez tous ces bourgeois révoltés. Savez-vous ce qu'on dira ?

Henri de Navarre attendit.

— On dira, poursuivit le roi, que j'ai fait alliance avec les huguenots.

— Eh bien ! dit Catherine, vous laisserez dire, Sire.

— Et le pape m'excommuniera.

— Bah ! dit le roi de Navarre, je suis excommunié, moi aussi, et je n'en ai encore perdu ni le boire, ni le manger, ni le sommeil. C'est une habitude à prendre, et elle est bientôt prise.

— Mais moi, dit Henri III, je tiens à être bien avec l'Église.

— Sire, dit Catherine, à cette heure, le roi de Navarre seul peut défendre le trône de France contre les envahissements successifs de la maison de Lorraine et les fureurs d'un peuple exalté par des moines fanatiques.

— Et mes Suisses donc ? dit le roi.

— Eh bien ! s'écria la reine-mère, alors transformez sans retard le Louvre en citadelle, Sire.

— J'y songe.

— Faites fermer les portes, percez des meurtrières et mettez-y des mousquets... à chaque fenêtre établissez un canon et attendez l'orage. Il gronde sourdement ; il ne tardera point à éclater.

— Oh! moi, dit le roi avec calme, je suis comme les gens qui se mettent en route : peu leur importe qu'il pleuve et qu'il tonne le soir, quand ils sont arrivés, pourvu qu'il n'aient ni pluie ni éclairs pendant la journée.

Madame Catherine regarda le roi et chercha à deviner où il voulait en venir. Le roi ajouta :

— Je permets aux Parisiens de faire des barricades ce soir...

— Ils useront certainement de la permission.

— Mais pas ce matin, dit le roi.

— Ah! fit madame Catherine avec inquiétude.

— Car ce matin, voyez-vous, poursuivi Henri III, je veux aller à Saint-Denis conduire le corps de mon frère...

— Sire, dit la reine-mère, il y a une chapelle au Louvre. Le corps de mon bien-aimé fils y a été déposé... provisoirement, laissez-le là.

— Mais dit encore le roi, le temps est superbe ce matin, le voyage me fera du bien.

— Sire, ne quittez pas le Louvre.

— Pourquoi donc?

— Pourquoi? mais parce que vous pourriez n'y point rentrer.

— Mes Suisses m'en ouvriront la porte.

— Et qui donc les commandera en votre absence sire?

— Monsieur d'Épernon, madame.

Catherine haussa les épaules.

— Votre Majesté sait pourtant bien, dit-elle, que M. d'Épernon n'est pas doué d'un grand courage.

— Eh bien! si besoin est, Crillon sortira de son lit.

— Sire, dit Mauvepin jusque-là silencieux, et qui

s'était tenu respectueusement à l'écart, oserais-je émettre un avis ?

— Parle, Mauvepin, parle...

— Si, tandis que Votre Majesté s'en va à Saint-Denis avec une partie de ses Suisses...

— J'en emmènerai deux mille, interrompit le roi.

— Elle laissait les autres au Louvre et en confiait le commandement au roi de Navarre.

— Oui, dit vivement Catherine.

Mais le roi secoua la tête.

— Non, dit-il, la Ligue me le reprocherait.

— J'écraserai la Ligue, dit le roi de Navarre.

— Et le pape m'excommunierait, soupira Henri III.

— Mordiou ! murmura Henri de Navarre à l'oreille de Mauvepin, il est telles gens qui n'ont jamais peur devant une épée et qui tremblent en face d'un goupillon.

Puis tout haut et s'adressant au roi :

— Sire, dit-il, je vois que Votre Majesté est décidée à se passer de mes services.

— Mais non de votre amitié, mon cousin.

Et Henri III prit la main du roi de Navarre.

— Comment va Margot ? lui demanda-t-il.

— Marguerite s'ennuie à Nérac, Sire.

— Et elle voudrait venir au Louvre ?

— Je le crois.

Le roi fronça le sourcil.

— Oh ! non pas, dit le roi. Le Saint-Père pourrait se fâcher.

Tandis que le roi témoignait de sa terreur naïve pour la colère du pape, on entendit sous les fenêtres des chants d'église et des voix nasillardes.

— Voici les pénitents et les moines, dit le roi qu

s'approcha vivement de l'une des croisées. Allons conduire mon frère d'Anjou à Saint-Denis.

— Sire, murmura Catherine avec tristesse, que Votre Majesté y prenne garde! elle trouvera des barricades à son retour.

— J'ai mes Suisses, dit le roi, qui avait fait de ces trois mots une réponse à toute chose.

XIII

Tandis que le roi Henri III refusait l'épée du roi de Navarre et ne voulait point écouter les sages conseils de la reine-mère, qui l'engageait à ajourner les funérailles du duc d'Anjou et à demeurer au Louvre, le duc de Guise était prisonnier. M. d'Épernon, qui, ainsi que nous l'avons vu dans une scène précédente, avait reçu du roi l'ordre de l'arrêter, était fort embarrassé de son rôle.

Désobéir au roi était chose impossible, mais déplaire au duc était chose grave!

D'Épernon connaissait Henri III. Il le connaissait de longue date, ce monarque dont il était le favori, et il savait que, si le roi et le duc se réconciliaient jamais, le roi laisserait le duc s'en prendre à lui, d'Épernon, de sa disgrâce momentanée.

Aussi avait-il la mine piteuse en sortant du cabinet du roi.

Si piteuse, que le duc de Guise en fut touché et lui dit :

— Mon cher monsieur d'Épernon, je vous fais mille excuses.

— De quoi, monsieur ?

— Du mauvais pas où je vous place, car enfin c'est vous qui m'arrêtez.

— Monseigneur, je suis au roi...

— D'accord. Mais le roi vous joue un vilain tour, mon cher monsieur d'Épernon.

D'Épernon soupira.

— Car, poursuivit le duc, supposons une chose...

— J'écoute, monseigneur.

— Supposons que les Parisiens, apprenant que je suis prisonnier, fassent le siége du Louvre, et qu'ils le prennent d'assaut...

— Oh ! fit d'Épernon.

— La chose est possible, dit le duc avec calme.

— Soit, monseigneur.

— La première personne sur qui tombera la colère des Parisiens, ce ne sera pas le roi.

— Oh ! je le sais...

— Ce sera vous, monsieur d'Épernon : on vous pendra...

D'Épernon frissonna.

— Et votre cadavre sera traîné dans tous les ruisseaux de Paris.

D'Épernon sentit ses genoux fléchir, et son épée lui battit dans les mollets.

— Ah çà ! reprit le duc, où me conduisez-vous ?

— Dans l'appartement qui vous est destiné, monseigneur.

— Ah ! ce n'est point un cachot ?

— Non, monseigneur.

Le duc fut en effet conduit au second étage du Louvre, dans un chambre spacieuse qui n'avait qu'une porte.

Cette chambre était du choix de Mauvepin, qui en avait touché deux mots à l'oreille de d'Épernon, tandis que celui-ci emmenait le duc.

En revanche, la chambre avait deux croisées, deux croisées munies de barreaux de fer qui firent faire la grimace au duc.

— Monseigneur, lui dit d'Épernon, vous êtes ici chez vous.

— Jusqu'à nouvel ordre, du moins, ricana Henri de Guise.

D'Épernon plaça dix gardes à la porte, dans le corridor, et laissa le duc seul.

Celui-ci ôta sa cuirasse, délaça ses brassards, et ses cuissards, et s'assit fort tranquille dans un fauteuil dont le dossier était semé de fleurs de lis.

Puis il se prit à réfléchir.

Or, à quoi peut réfléchir un prisonnier, si ce n'est aux moyens de recouvrer sa liberté ?

Ce fut donc à cela que songea le duc, et il fut forcé de s'avouer une chose : c'est que la fuite était difficile, sinon impossible.

On ne passe point à travers des fenêtres qui ont des barreaux de fer de l'épaisseur du bras.

On ne passe pas sur le corps d'un peloton de Suisses, surtout quand on n'a ni épée ni dague.

Et le duc n'avait plus rien de tout cela !

On le laissa seul une heure environ, puis la porte de sa chambre s'ouvrit, et Mauvepin entra.

— Bonjour, monseigneur, dit-il ; le roi m'envoie prendre de vos nouvelles.

— Tu lui diras que je me porte mieux que lui, répondit sèchement le duc.

— Oh ! cela est vrai, monseigneur.

— Je suis gras, et il est maigre... J'ai tous mes cheveux, et il est chauve...

— Cela ne prouve pas, dit Mauvepin, que Votre Altesse soit destinée à vivre plus longtemps...

— Plaît-il ? dit le duc en tressaillant.

— Car, poursuivit Mauvepin, je ne vous dissimulerai pas davantage, monseigneur, que votre tête, si belle qu'elle soit, n'a jamais été moins solide sur vos épaules.

— Peuh ! fit le duc avec ironie, tu crois, maître fou ?

— J'en suis sûr, monseigneur.

— Bah !

— Tenez, je vais vous dire les volontés du roi et le programme de la journée.

— Voyons.

— Le roi s'en va à Saint-Denis conduire la dépouille mortelle de monseigneur le duc d'Anjou.

— Ah ! il quitte le Louvre ?

— Oui.

— Et il emmène ses Suisses ?

— La moitié, monseigneur.

L'œil du duc de Guise s'illumina.

— Alors, dit-il, je ne chômerai pas longtemps ici.

— Votre Altesse le croit ?

— Les Parisiens me délivreront.

— Hélas ! dit Mauvepin, ils y songent... et le roi y a songé aussi... ce qui est un double malheur pour vous, monseigneur...

— Pourquoi donc ?

— Le roi quitte le Louvre, mais il m'en nomme vice-gouverneur.

— Et quel est le gouverneur dont tu es le lieutenant ?

— C'est M. de Crillon.

— Il est à demi-mort... dit-on.

— Il est au lit, mais il a toute sa tête, et ce qu'il ordonnera, je le ferai. D'abord, il faut vous dire que M. de Crillon, qui a besoin d'air, a fait transporter son lit dans le corridor... là... à cette porte.

Le duc fit la grimace.

— Or donc, continua Mauvepin, je suis vice-gouverneur du Louvre, et M. de Crillon gouverneur. Le roi a laissé des instructions, M. de Crillon donne des ordres, et je les fais exécuter...

— Et... ces ordres...?

— Ils sont simples, monseigneur. A la première rumeur qui s'élève dans Paris, j'envoie chercher maître Caboche.

Le duc frissonna.

— Caboche arrive avec son billot et sa hache, et il s'installe ici...

— Ici, fit le duc, chez moi.

— Oui, dit tranquillement Mauvepin, la chose se fera à huis-clos.

— Quelle chose? demanda Henri de Guise pâlissant.

— A la première barricade, votre tête tombera monseigneur.

Le duc regarda Mauvepin.

Il examina ce visage calme et sardonique; il sentit le froid éclat de ce regard et comprit que ce qu'on lui annonçait serait fait.

Henri de Guise eût compté sur les hésitations et les terreurs du roi; mais le roi quittait le Louvre.

Et M. de Crillon n'hésitait pas.

Or, apprenant que le duc était prisonnier, le peuple de Paris allait se soulever et marcher vers le palais.

Et quand le peuple aurait brisé les portes, envahi les corridors, son pied glisserait dans le sang...

Son sang à lui, le duc de Guise!

Cette fois, tout brave qu'il était, le duc eut peur, — et, passant une main fiévreuse sur son front inondé de sueur, il s'approcha distraitement de l'une des croisées.

Cette croisée donnait sur une des cours intérieures du Louvre, et à travers les barreaux contre lesquels il appuya son front, le duc put voir les nombreuses confréries de moines et de pénitents assemblées pour accompagner le duc d'Anjou à sa dernière demeure.

Alors obéit-il à une de ces inspirations qui sauvent parfois les hommes et les monarchies, ou bien se soumit-il simplement à ce sentiment humain qui fait songer à Dieu en présence de la mort? On ne sait; mais, se retournant vers Mauvepin, le duc lui dit :

— Fais-moi monter un de ces moines.

— Pourquoi cela, monseigneur ?

— Je veux me confesser... murmura le duc; car je sens bien que ma dernière heure est proche.

— La précaution est toujours bonne, dit Mauvepin.

Et il sortit et ferma soigneusement la porte.

Dix minutes après, il revint.

Un moine de haute taille l'accompagnait, et, à la vue de ce moine, bien qu'il eût le visage couvert de son capuchon, le duc Henri de Guise tressaillit profondément.

XIV

Mauvepin était descendu dans la cour pour y chercher le confesseur que demandait le duc Henri de Guise.

La cour était pleine de moines qui entouraient la litière du roi.

Le roi s'apprêtait à aller à Saint-Denis comme si de rien n'était et que Paris jouit d'une tranquillité parfaite.

Mauvepin s'était adressé au premier moine qu'il avait rencontré, lui disant :

— Mon père, on a besoin de vous.

— Qui donc ? demanda le moine.

— Il n'importe, venez avec moi.

— Mais... fit le moine avec hésitation, où me conduisez-vous ?

— Auprès d'un homme qui veut se réconcilier avec Dieu avant de mourir.

— Il est donc bien malade ?

— Non, il se porte à merveille, répondit Mauvepin ; mais il se peut faire que d'ici une heure ou deux il en soit autrement.

— Comment cela ?

— Et que sa tête divorce avec ses épaules...

— C'est bien, dit le moine, je vous suis, mon gentilhomme.

Le moine avait oublié de relever sa cagoule, et Mauvepin, qui n'était pas très-dévot et se souciait fort peu de voir les gens d'église à visage découvert, n'y prit garde.

Les murs du Louvre étaient épais ; les barreaux des fenêtres de la chambre où l'on avait renfermé le duc avaient la grosseur du bras.

En outre, M. d'Épernon et Mauvepin avaient entassé dans le corridor trente Suisses et vingt gardes.

Tous avaient le mousquet chargé sur l'épaule, et Crillon, qu'on avait apporté dans son lit, s'était fait mettre auprès de la porte, avec deux pistolets sous la main.

M. d'Épernon et lui avaient eu même un court colloque.

D'Épernon tremblait bien fort, et se voyait déjà mis en pièces par la populace de Paris.

Mais Crillon l'avait réconforté en lui disant :

— Suivez bien mon raisonnement, monsieur d'Épernon. Le duc de Guise est certainement l'idole des Parisiens.

— Oh! certes... soupira d'Épernon, et ils nous feront un mauvais parti.

— Attendez... mais savez-vous pourquoi ?

— Parce qu'il est brave, bon, généreux, et qu'il se montre hardi.

— C'est surtout à cause de cette dernière qualité, soyez-en sûr, poursuivit Crillon. Eh bien... si le roi se montre hardi comme tout à l'heure, et si nous jetons la tête du duc par les fenêtres du Louvre, le peuple de Paris changera d'idole.

— Vous croyez?

— J'en suis sûr : il raffolera du roi.

— Mais, monsieur, fit observer d'Épernon, la tête du duc tient encore sur ses épaules.

— Peuh ! fit Crillon... si peu !...

— Le roi reviendra sur ses décisions...

— Mon cher monsieur d'Épernon, fit Crillon, rendez-moi un service.

— Lequel, monsieur ?

— Allez vous planter là, à cette fenêtre, au bout du corridor, et n'en bougez que lorsque le roi sera parti.

D'Épernon, qui ne demandait pas mieux, alla s'accouder à la fenêtre.

Crillon s'était mis sur son séant et caressait le pommeau de ses pistolets.

Les gardes se promenaient de long en large, le mousquet sur l'épaule et la dague au poing.

Ce fut alors que Mauvepin reparut, suivi du moine.

— Qu'est-ce que ce frocart? demanda Crillon d'un ton dédaigneux.

— Ma foi! répondit Mauvepin, le duc se veut confesser.

— Je le lui allais proposer, dit Crillon.

— Pourquoi cela, monsieur le chevalier?

— Hélas! dit Crillon, c'est qu'il n'a plus qu'un moyen de sauver sa tête, et il ne l'emploiera pas.

— Vraiment?

— Oh! mon Dieu! non, dit Crillon. Mais laissez entrer ce moine.

Et comme Mauvepin ouvrait la porte, Crillon lui dit :

— Allez! mon père... ne perdez pas de temps... car monseigneur le duc de Guise doit en avoir long à confesser.

— Faut-il rester auprès d'eux? demanda Mauvepin.

— Non, c'est inutile : il ne peut pas sauter par la fenêtre, et je vous jure que, s'il essayait de sortir par la porte, je lui casserais la tête avec ces pistolets.

Cette promesse de Crillon fit que Mauvepin ressortit, laissant le moine en tête à tête avec M. de Guise.

Mauvepin s'assit sans façon sur le lit de Crillon.

— Quel est donc cet unique moyen qu'a le duc de sauver sa tête? demanda-t-il.

— Attendez...

Et Crillon ne quittait pas d'Épernon des yeux, tandis que celui-ci regardait toujours par la fenêtre.

Enfin d'Épernon se retira de ce poste d'observation.

— Ah ! lui cria M. de Crillon, le roi est-il donc parti ?

— Oui, il sort du Louvre...

— Quelle est la personne qui est avec lui dans la litière ?

— C'est la reine-mère.

Crillon respira bruyamment.

— Eh bien ! fit Mauvepin, me direz-vous maintenant, monsieur le chevalier, quel est ce moyen ?

— C'est que le duc écrive un billet à madame de Montpensier et l'avertisse que si les Parisiens bougent, il sera décapité.

D'Épernon s'était rapproché du lit de Crillon.

— Et si le duc écrit ce billet ?

— Ma foi ! dit Crillon, on ne le portera pas, attendu que voici les instructions du roi. « Ne laisser, sous aucun prétexte, le duc communiquer avec sa sœur ou les gens de la Ligue. »

— Et vous croyez que les Parisiens attaqueront le Louvre ?

— Avant que le roi soit à Saint-Denis. Or, acheva Crillon, si le roi revenait, je répondrais de la vie de M. de Guise, car le roi n'est pas brave et hardi quatre heures de suite. Mais le roi ne sera pas au Louvre...

— Il peut se repentir en route et vous envoyer cet ordre.

— C'est pour cela, dit Crillon, qu'il faut nous hâter. Au premier coup d'arquebuse tiré contre le Louvre, je fais occire M. de Guise. Après, le roi se fâchera s'il veut...

— Mais, fit d'Épernon, nous serons tous disgraciés.

— Bah ! le roi sera charmé, le coup une fois fait,

et vous serez maréchal de France, monsieur d'Épernon, car vous allez défendre le Louvre.

D'Épernon ne répondit pas; seulement il s'approcha d'une fenêtre qui était ouverte à l'autre extrémité du corridor.

Celle-là donnait sur la rivière.

D'Épernon se pencha en dehors et regarda.

Le roi venait de tourner la tête avec tout son cortége funèbre, à l'angle de la place Saint-Germain-l'Auxerrois.

Entouré de ses Suisses, précédé et suivi de ses confréries de pénitents, lesquels se groupaient autour du char funèbre, le roi cheminait lentement au travers d'un flot populaire.

Quand le dernier moine et le dernier Suisse eurent disparu à l'angle de la place, d'Épernon vit une foule de peuple qui s'avançait vers le Louvre...

— Voici le flot qui monte! dit-il.

— Ah! ah! fit Crillon. Eh bien! monsieur le colonel des Suisses, à votre poste. Faites fermer les portes et pointer les canons.

— J'y vais, murmura d'Épernon.

— Il a une fière colique! dit tout bas Mauvepin.

— Mon fils, répliqua Crillon, je suis bien faible encore, mais, quand le moment sera venu, je me lèverai.

— Le pourrez-vous, au moins?

— Et, si M. d'Épernon a peur, je me montrerai. Or, vous le savez, ajouta simplement le chevalier, il n'y a pas d'exemple, jusqu'à ce jour, que des soldats suisses, français ou espagnols, aient reculé m'ayant à leur tête.

D'Épernon regardait toujours.

Tout à coup il se rejeta vivement en arrière et revint auprès de Crillon.

— Qu'y a-t-il ? demanda le chevalier.

— Le peuple se rassemble sous les murs du Louvre... Je vois briller des arquebuses... j'entends des murmures.

— Bon ! bon ! dit Crillon, ça commence à chauffer.

Comme il parlait ainsi, on frappa à la porte du duc.

— C'est le moine, dit Crillon, ouvrez lui.

Mauvepin ouvrit et vit le duc qui lui tournait le dos et avait collé son front aux barreaux d'une des fenêtres.

Le moine était au seuil, et il appuyait un mouchoir sur ses yeux.

— Pauvre prêtre ! murmura Mauvepin, il a pitié de ceux qui vont mourir !

Le moine passa, et une sanglot sortit de sa cagoule.

— Bonsoir, mon père, lui dit Crillon, tandis que Mauvepin refermait la porte.

Le duc ne s'était point retourné. Seulement Mauvepin avait constaté d'un coup d'œil qu'il avait remis sa cuirasse et ses brassards.

— Pauvre duc ! avait murmuré le fou. Il croit qu'on le va venir délivrer, et il s'apprête à combattre.

Le moine salua à droite et gauche les Suisses et les gardes et s'éloigna lentement.

— Mon père, lui cria Mauvepin, si vous tenez à sauver le duc, tâchez donc que tous ces gens qui sont rassemblés sous les murs du Louvre s'en retournent paisiblement chez eux.

Le moine fit un signe de tête affirmatif et pressa le

pas, devançant le Suisse à qui Mauvepin avait donné l'ordre de le conduire hors du Louvre.

— Voyons, monsieur d'Épernon, dit Crillon lorsque le moine eut disparu dans le grand escalier qui se trouvait au bout du corridor, mettez-vous donc auprès de la fenêtre, et voyez où en sont ces braves gens...

Un murmure sourd, ce murmure qui précède les tempêtes populaires, commençait à s'élever et venait mourir à l'oreille de Crillon.

— Dites-donc, Mauvepin, continua Crillon, j'ai bien peur que nous n'ayons pas le temps d'aller chercher Caboche.

— Ah!

— Et il me vient une belle idée.

— Voyons? fit Mauvepin.

— Au premier coup d'arquebuse tiré en dehors, vous prendrez un de ces pistolets.

— Très-bien!

— Vous entrerez dans la chambre du duc.

— Après? dit froidement Mauvepin.

— Et vous lui casserez la tête.

— Me l'ordonnez-vous, le cas échéant, au nom du roi?

— Au nom du roi, je vous l'ordonne! dit Crillon.

— Alors, ce sera fait, dit Mauvepin. Une seule chose m'embarrasse... Comment jetterons-nous la tête du duc par les fenêtres, si elle n'est détachée du tronc?

— Nous jetterons le corps avec, dit Crillon, voilà toute la différence.

Soudain une détonation retentit au dehors, et d'Épernon se rejeta vivement en arrière.

Une balle siffla, brisa une vitre et vint ricocher sur les dalles, blessant un Suisse à la jambe.

— Allez ! dit Crillon.

Mauvepin s'empara des pistolets et s'élança dans la salle où était le duc.

Alors Crillon dit d'une voix grave :

— Messieurs, chapeau bas et prions pour monseigneur le duc de Guise, qui va mourir.

XV

Pourquoi le duc avait-il eu l'idée d'envoyer chercher un moine pour se confesser, et pourquoi, voyant entrer ce moine, avait-il tressailli ?

Voilà ce que nous allons expliquer en peu de mots.

Deux jours auparavant, comme la nuit tombait, le duc cheminait seul à pied, son manteau sur les yeux, dans une ruelle déserte du quartier Saint-Antoine.

Il s'arrêta devant la porte d'une auberge d'où partaient des exclamations de colère, des jurement et des cris.

Le duc aperçut une table renversée, et sous cette table un soldat qui cuvait son vin, tandis qu'un autre soldat luttait corps à corps avec un moine.

Le moine était de haute taille et robuste, mais il n'avait pas d'armes, et le soldat cherchait à le frapper avec sa dague. Heureusement le duc entra l'épée à la main et sauva le moine.

Le moine s'était jeté à ses genoux et l'avait remercié en lui baisant les mains et l'appelant le premier défenseur de l'Église.

Cet épithète avait fait sourire le duc, qui lui avait dit :

— Vous croyez donc, mon père, que si je mourais, l'Église catholique ferait une grande perte ?

— Une perte irréparable, répondit le moine, aussi vrai que je me nomme dom Alphonse et que je suis de l'ordre des Dominicains.

— Mais, dit le duc, pourquoi vous battiez-vous avec ce soldat du roi ?

— Parce qu'il voulait me forcer à payer l'écot, alors qu'il m'avait invité à souper avec lui.

— Eh bien ! payez-le, dit le duc.

Et il donna sa bourse au moine.

Puis il s'en alla, ayant dans la mémoire le nom de dom Alphonse et la tournure herculéenne du moine.

Or, tandis que le surlendemain, la tête appuyée aux barreaux de sa prison, le duc écoutait mélancoliquement les sinistres prédictions de Mauvepin, et qu'il regardait les confréries de moines groupées autour de la litière du roi, le duc remarqua, au pied du mur et se promenant à l'écart, un religieux de haute taille, dont la robe et la tournure lui étaient connues, et il eut un frisson de joie qui se traduisait par cette espérance :

— Si ce moine était dom Alphonse et qu'il pût parvenir jusqu'à moi... ?

Le duc, partant de cette hypothèse, ne s'expliquait pas bien clairement encore quelle ressource il pourrait tirer de dom Alphonse, mais enfin il pensa que ce serait peut-être un moyen pour lui de faire passer un mot à madame de Montpensier.

Et il demada un confesseur.

Le hasard ou plutôt sa bonne étoile voulut que Mauvepin, étant descendu dans la cour pour chercher un moine, s'adressât précisément à celui dont le duc avait remarqué la haute taille.

Or, quand le religieux eut été introduit dans la chambre du duc et que Mauvepin en fut sorti, Henri de Guise, qui ne pouvait voir son visage au travers de sa cagoule, lui dit :

— Ne seriez-vous pas dom Alphonse ?

— En effet, répondit le moine.

Et il releva son capuchon.

Henri de Guise s'agenouilla devant lui et lui dit :

— Mon père, il y a deux jours, je vous ai aidé à vivre, vous m'allez maintenant aider à bien mourir.

— Mourir ! dit le moine avec émotion, oh ! cela est impossible, monseigneur.

— Hélas ! cela sera cependant...

— Mais le roi n'osera pas !

— Le roi a tout osé aujourd'hui, il a donné des ordres, et ces ordres seront exécutés...

— Cela ne se peut, dit le moine... Vous êtes le bras droit de l'Église, monseigneur.

— Il est certain, dit tristement le duc, que, moi mort, la France deviendra huguenote.

— Ah ! monseigneur !...

— Le roi de Navarre est au Louvre, mon père, poursuivit le duc. Et quand ma tête sera tombée...

— Monseigneur, exclama le moine, je vais sortir d'ici, m'élancer hors du Louvre, parcourir les rues de Paris, ameuter le peuple et le conduire à votre délivrance !

— Gardez-vous-en bien ! dit le duc, quand le peuple arrivera, je serai mort...

— Oh ! fit le moine... Dieu ne le voudrait pas !

— Mais le roi le veut... et M. de Crillon me fera tuer avant qu'on n'ait enfoncé une seule des portes du Louvre.

Le moine se prit la tête à deux mains et s'écria dans un accès d'exaltation religieuse :

— Non, le bras droit de l'Église ne peut périr ! Dieu le sauvera !...

— Alors, dit le duc, priez-le de faire un miracle en ma faveur.

A son tour, le moine se jeta à genoux, pria quelques minutes, puis se redressa, l'œil brillant de fanatisme :

— Dieu va faire ce miracle, dit-il, cette porte va s'ouvrir devant vous... vos ennemis s'écarteront sur votre passage...

Le duc secoua la tête.

— Monsieur de Crillon, lui dit-il, ne croit guère aux miracles : il me cassera la tête, si j'essaie de sortir.

Mais le moine s'était placé auprès du duc et lui disait :

— Vous êtes aussi grand que moi, monseigneur.

— Eh bien ?

Le moine ôta sa robe et la lui jeta sur les épaules.

— Que faites-vous ? s'écria le duc.

— Je vous fais moine, répondit dom Alphonse... C'est vous qui sortirez à ma place...

Et il lui ramena la cagoule sur la tête.

— Mais, malheureux, dit le duc, si vous restez ici, les gens du roi vous tueront...

— Depuis longtemps j'attends le martyre. L'Église a plus besoin de vous que de moi, monseigneur.

Henri de Guise ne se piquait pas d'abnégation. Il accepta le sacrifice du moine.

Celui-ci lui ôta ses chaussures éperonnées et les mit, lui donnant ses sandales de moine.

Puis il endossa les cuissards, les brassards et la cuirasse du duc et s'alla placer à la fenêtre, tournant le dos à la porte.

— Maintenant, monseigneur, dit-il au duc, placez votre mouchoir sur votre bouche, feignez une grande douleur et sortez hardiment.

— Mon père, dit le duc, peut-être les gens du roi vous respecteront-ils ; mais, si vous succombez et que j'aie le bonheur de sortir du Louvre, que puis-je faire pour les vôtres ?

— Monseigneur, répondit le moine, j'ai un frère qui est moine comme moi, et mon couvent est bien...

— Je les enrichirai, répondit le duc.

Alors le faux moine s'agenouilla devant dom Alphonse et reçut sa bénédiction.

Puis dom Alphonse se remit à tourner le dos à la porte, et le duc frappa.

La porte s'ouvrit, et le faux moine passa...

Ni Mauvepin, qui avait cru voir le duc appuyé aux barreaux de la fenêtre, ni M. de Crillon qui le vit passer, ni les gardes et les Suisses qui encombraient le le corridor, ne soupçonnèrent que c'était le duc qui s'échappait sous une robe de moine.

Ce ne fut que lorsque Mauvepin entra, ses pistolets à la main, dans la chambre, pour exécuter les ordres de M. de Crillon, que, dom Alphonse se retournant, le fou jeta un cri.

— Tuez-moi ! dit le moine. Le duc est sauvé !

Mais Mauvepin dédaigna de casser la tête à dom Alphonse et s'élança au dehors en criant :

— Le moine ! où est le moine ? A moi ! à moi !

Et il se prit à courir sur les pas du duc, dédaignant de répondre à M. de Crillon stupéfait. . . . . .

Mais le duc de Guise avait une avance raisonnable.

Bien qu'il fût gêné par sa robe, il avait pressé le pas de plus en plus, à mesure qu'il s'éloignait de M. de Crillon.

Grâce au Suisse qui le conduisait, il voyait la foule des gens du roi s'écarter sur son passage, et il arriva ainsi au bas du grand escalier, puis il traversa la cour.

Là, il vit un garde qui se trouvait à la principale poterne.

Ce garde était un ancien écuyer du duc, passé au service du roi à la suite d'une injure personnelle que le duc lui avait faite.

A sa vue le duc eut peur...

Il eut peur d'être reconnu, et il se prit à sangloter de plus belle.

Le garde du roi le regarda et tressaillit.

— Voilà un moine, dit-il, qui a la démarche bien cavalière pour un homme d'église.

— Ouvrez ! dit le Suisse. Ordre de M. de Crillon !

— M. de Crillon l'a-t-il vu ?

— Oui.

Le garde hésita et le duc sentit ses jambes fléchir.

Mais le Suisse répéta :

— Ouvrez, M. de Crillon le veut !

Le garde fit jouer les clefs et les verrous et la poterne s'ouvrit.

En ce moment Mauvepin, hors de lui, tête nue, ses pistolets à la main, apparut au seuil du perron, en s'écriant :

— Arrêtez ! arrêtez le moine !

Mais le duc, relevant sa robe par une mouvement rapide, se rua sur le garde, le renversa et franchit le seuil de la poterne.

Puis il jeta sa robe et s'élança vers la foule en criant :

— A moi, les Parisiens ! à moi ! je suis le duc de Guise !

Un hourrah d'enthousiasme lui répondit.

Le duc était sauvé, Mauvepin arrivait trop tard !

Il n'eut que le temps de faire refermer précipitamment la poterne, sur laquelle vinrent s'aplatir au même instant une demi-douzaine de balles.

— Garde à nous ! s'écria alors Mauvepin, le peuple a retrouvé son général, et il va falloir en découdre !

Puis il s'élança vers une des meurtrières de la cour dans laquelle on avait pointé un canon.

Et, arrachant une mèche des mains d'un Suisse, il la posa sur la lumière et le coup partit.

Le canon venait de cracher une grêle de mitraille sur le peuple de Paris, qui commençait à entasser des pavés et construisait la première barricade.

XVI

Tandis que le peuple de Paris s'en allait attaquer le Louvre et retrouvait le duc de Guise qui se mettait aussitôt à sa tête, S. M. le roi Henri III se dirigeait tranquillement vers Saint-Denis.

Le monarque était passé maître en matière de cérémonies funèbres.

Il avait ordonné merveilleusement les funérailles de monseigneur le duc d'Anjou, et tout avait été prévu, ordonné et savamment exécuté.

Le cortége funèbre était magnifique.

Un peloton de gardes du roi ouvrait la marche, à cheval et l'épée au poing.

Après les gardes venaient des timballiers, des tambours et des trompettes qui jouaient des airs funèbres.

Puis deux files de pénitents, des bleus et des noirs tous portant des cierges et récitant des patenôtres.

Après les pénitents, le char mortuaire du prince.

C'était un vaste carrosse posé sur quatre roues, tendu de drap noir et blanc, sur lequel les fleurs de lis de France étaient semées à profusion.

Le cercueil était recouvert d'une housse de velours noir soutachée d'or et supportait l'épée du défunt, sa grand'croix de l'ordre du Saint-Esprit et le collier des ordres.

Le char était traîné par huit chevaux que des valets vêtus de deuil conduisaient à la longe.

Après le char, le roi.

Le roi et la reine-mère, dans une litière de deuil portée par des mules recouvertes de caparaçons noirs.

Aux deux côtés de la litière chevauchaient des seigneurs, des officiers, des pages et des écuyers ; tout cela vêtu de noir des pieds à la tête.

Puis deux pelotons de gardes et enfin les Suisses.

Les Suisses, au nombre de quatre mille.

Les Suisses, orgueil bien légitime du roi, qui voyait en eux les défenseurs de la couronne, les protecteurs de la religion, la terreur des bourgeois de Paris.

Sa Majesté était sortie de Paris comme un triomphateur.

Partout, sur sa route, elle avait vu le peuple silencieux et morne.

— Mes Suisses produisent leur effet, avait-elle dit à madame Catherine.

Mais madame Catherine avait hoché la tête tristement et répondu au roi :

— Sire, n'avez-vous pas remarqué que, lorsque les tempêtes sont proches, la nature fait silence?

— Peuh! fit le roi, je ne crains plus les Parisiens, maintenant que M. de Guise est en nos mains.

Le cortége sortit de Paris par la portes des Fossés-Montmartre.

Cette porte était gardée par les gens du guet:

— Sire, dit Catherine, Votre Majesté ferait bien de remplacer ces gens-là par des Suisses.

— A quoi bon? dit le roi.

— Si le peuple se soulève en notre absence, les gens du guet tourneront.

— Vous croyez?

— Et, au lieu de garder la porte pour nous l'ouvrir, ils nous la fermeront au nez.

— Vous avez raison, dit le roi.

Et il laissa soixante Suisses à la porte Montmartre.

A neuf heures, le roi était sorti du Louvre; il était plus de midi quand le cortége entra sous les voûtes de la vieille basilique de Saint-Denis.

Le roi chanta les vêpres des morts, versa quelques larmes et s'agenouilla même un moment sur la marche de l'escalier funèbre où, suivant le vieil usage, on déposa le cercueil.

Puis il aspergea le cercueil d'eau bénite et se retira.

Il sortit de l'église la tête haute, le front chargé de nuages, et on l'entendit murmurer:

— Je ne rentrerai ici que mort, mais j'y rentrerai, car je mourrai roi...

— Puis, quand il fut dehors, il dit à la reine-mère:

— Venez avec moi, madame, allons-nous-en chez l'abbé mitré, qui m'a fait préparer à dîner. Je meurs de faim!

— Sire, dit la reine en souriant, si Votre Majesté laissait tous ses moines et ses pénitents...

— Eh bien !

— Et qu'elle fît prendre le galop aux cavaliers qui l'accompagnent, nous rentrerions à Paris en moins d'une heure.

— J'ai faim, madame.

— Cependant... Sire... il serait prudent de rentrer au Louvre.

Le roi était entêté, et puis, comme il le disait il avait faim.

Force fut à madame Catherine d'en passer par sa volonté et de le suivre à l'abbaye. Là Henri III se mit à table, dévora un perdreau à le gelée, une tranche de pâté d'alouette, un pot d'abricots et but une bouteille de vieux vin de Guyenne que l'abbé avait dans sa cave depuis plus de trente années.

Quelques seigneurs furent admis à la table du roi.

— Messieurs, leur dit-il, nous avons eu aujourd'hui une pénible tâche à remplir. Mais Dieu nous a aidés, et l'œuvre est accomplie. Or, comme je veux vivre, moi, et le plus longtemps possible, je désire qu'on ne me parle plus de mon frère d'Anjou.

— Sire, répéta la reine-mère, Votre Majesté songe-t-elle à rentrer au Louvre ?

— Oui, dit le roi, mais pas encore... J'ai bien dîné... Je vais faire un peu de sieste.

Et il se renversa dans son fauteuil et ferma les yeux.

La reine, inquiète, allait et venait par la grande salle de l'abbaye.

Tout à coup on entendit le galop précipité d'un cheval dans la rue...

Puis, au même instant, un bruit sourd et lointain, assez semblable au roulement du tonnerre.

Le roi s'éveilla en sursaut.

— Qu'est-ce que cela ? fit-il.

— Sire, répondit la reine, ce sont des nouvelles de Paris qui arrivent à Votre Majesté.

Le roi se leva vivement.

Un homme entra dans la salle, que le roi reconnut pour un de ses gardes.

Ses habits étaient en lambeaux, il était couvert de sang.

— Sire, dit-il, nous sommes partis quatre du Louvre trois sont morts.

— Ventre-de-biche ! exclama le roi.

Le garde, qui était d'une pâleur mortelle et dont le sang s'échappait par trois blessures à la fois, s'appuya au mur et dit d'une voix mourante :

— Paris est hérissé de barricades !...

— A moi mes Suisses ! dit le roi.

— Le Louvre est attaqué... M. de Crillon demande du secours... le duc de Guise...

Mais le garde n'acheva point sa phrase ; il s'affaisa sur lui-même, fit un geste d'adieu et expira.

Le roi jeta un cri de rage.

— A cheval ! messieurs, dit-il aux gens qui l'entouraient. Je brûlerai Paris, s'il le faut, mais je rentrerai au Louvre.

Ce ne fut point en litière, cette fois, que Henri III fit le trajet.

Il se fit amener un cheval, se mit en selle et traversa les rues de Saint-Denis au galop, à la tête de ses gardes et de ses Suisses.

Moins d'une heure après, l'escorte royale était sous les murs de Paris.

Néanmoins, cette heure avait eu pour le roi la durée d'un siècle, car pendant cette heure le canon et les arquebusades n'avaient cessé de retentir.

Cependant le roi se flattait encore de voir ce mouvement populaire réprimé facilement.

Comme il traversait Montmartre et voyait Paris à ses pieds, il dit à ses gens:

— Je crois que nous arriverons trop tard; Crillon aura mis tout ce monde-là à la raison et n'aura plus besoin de nous.

Le roi se trompait.

Il avait laissé la porte Montmartre gardée par les Suisses.

Il aperçut des bourgeois sur le rempart et des Suisses dans le fossé.

Seulement les bourgeois étaient en armes et les Suisses étaient morts.

Le roi donna l'ordre d'ouvrir les portes.

Les bourgeois refusèrent.

Alors le roi fit avancer un peloton de Suisses qui fit feu et tua une douzaine de bourgeois sur le rempart.

Mais d'autres bourgeois les remplacèrent et ripostèrent au feu des troupes royales.

Une balle vint frapper le cheval du roi au poitrail.

Et le cheval s'abattit sous son cavalier.

— Oh! oh! dit Henri III, en se relevant sain et sauf et montant aussitôt un autre cheval, voici qui est d'un sinistre présage...

XVII

Qu'était devenu le roi de Navarre?

Il nous faut, pour le savoir, nous reporter au moment où le roi Henri III avait refusé à madame Catherine de donner le commandement du Louvre à son beau cousin Henriot.

— Puisqu'il en est ainsi, monsieur mon cousin, avait dit le roi de Navarre à Henri III, je prie Votre Majesté de me permettre de me retirer.

— Comment! avait dit le roi, vous partez?

— Oui, sire.

— Mais pourquoi ne demeurez-vous point au Louvre, mon cousin?

— Sire, dit en souriant Henri de Navarre, si je demeurais au Louvre, les bourgeois de Paris qui sont catholiques, tandis que je suis huguenot, auraient un prétexte pour en faire le siége.

— Eh bien! répondit le roi, venez avec moi.

— Où cela, Sire?

— A Saint-Denis.

— Votre Majesté oublie qu'un huguenot ne saurait entrer dans une église catholique?

— C'est juste. Mais enfin où allez-vous?

Henri eut ce fin sourire qui disait tant de choses et répondit:

— Sire, j'étais venu à Paris avec l'espérance que Votre Majesté aurait besoin de moi; mais du moment qu'il en est autrement, je retourne à Pau.

— Vrai? fit le roi.

— Je vais cercler mes tonneaux pour la vendange et

ramer mes petits pois, comme disait tout à l'heure Votre Majesté.

Henri III lui tendit la main.

Le roi de Navarre prit cette main et la baisa respectueusement.

Puis il sortit, après avoir échangé un rapide coup d'œil avec madame Catherine.

Mais il ne sortit point du Louvre par la grande porte.

Au bout du corridor qui conduisait au cabinet du roi, il trouva ce petit escalier par lequel, jadis, le sire de Coarasse s'introduisait le soir chez madame Marguerite ou dans la chambre de Nancy, et il gagna la poterne du bord de l'eau.

La poterne était fermée et un soldat la gardait.

Henri lui frappa sur l'épaule et lui fit un signe mystérieux.

Le soldat salua et mit, sans mot dire, la clef dans la serrure.

Mais, comme le roi de Navarre allait franchir le seuil de la poterne, le soldat lui dit :

— Prenez bien garde, Sire.

— A quoi, mon bon Pibrac?... demanda Henri.

Ce soldat, à qui Henri donnait le nom de Pibrac, était le neveu de celui que nous avons connu capitaine des gardes du roi Charles IX.

— J'ai vu rôder l'homme masqué sur la berge, dit le jeune homme.

— Oh! dit Henri en souriant, ne crains rien de lui pour moi...

— Sire, il est votre ennemi.

— Non, plus maintenant.

Le soldat hocha la tête d'un air de doute.

— Nous avons fait la paix, acheva Henri. Adieu, Pibrac !

— Au revoir, Sire !

— C'est ce que je veux dire, fit Henri.

Et il quitta le Louvre.

Comme, à cette époque, dames et seigneurs mettaient un masque toutes les fois qu'ils s'en allaient en bonne fortune, Henri tira le sien de sa poche et passa incognito au milieu de la foule de moines et de pénitents qui se pressait aux abords du palais.

Il gagna rapidement la place Saint-Germain-l'Auxerrois et entra dans le cabaret de Malican, lequel, on s'en souvient, était devenu franchement ligueur.

Il y avait longtemps que le roi de Navarre n'était venu à Paris. Son menton, imberbe jadis, s'était couvert d'une belle barbe noire qui s'échappait de son masque, et, si Malican avait dû le reconnaître, il n'eût pu le faire qu'en surprenant ce regard noir et profond qui l'avait tant frappé jadis.

Henri n'ôta point son masque.

Mais il alla s'asseoir devant une table où buvaient des soldats lorrains, et, les saluant, il ôta son manteau.

Sous ce manteau, il avait une cuirasse, et cette cuirasse était étoilée d'une croix blanche.

Aussi les soldats lorrains le prirent-ils pour un de leurs chefs et s'écartèrent-ils avec déférence.

Henri se fit apporter à boire et tendit son verre à Malican.

Malican l'emplit sans défiance ; mais Henri, le portant à ses lèvres, souleva un moment son masque, et Malican faillit laisser tomber son pot de vin.

Le prince mit un doigt sur sa bouche.

Malican se tut.

Mais, à partir de ce moment, il alla par le cabaret d'un pas fiévreux, et son visage devint inquiet.

Henri buvait tranquillement, à petites gorgées, comme un homme qui a tout son temps à lui.

Seulement il s'était placé de telle façon qu'il voyait tout ce qui se passait au dehors, c'est-à-dire les rassemblements du populaire et des bourgeois, les moines et les pénitents, et à la porte du Louvre les Suisses rangés en ligne de bataille.

Il assista au départ de Henri III pour Saint-Denis et vit construire ensuite la première barricade.

Puis il entendit siffler la première balle et tonner le premier coup de canon qui, du haut des murailles du Louvre, foudroya le peuple.

Et il continua à boire tranquillement.

Malican, en boutiquier prudent, avait fermé les volets de son cabaret, d'où les buveurs étaient partis un à un pour aller se réunir aux bourgeois qui faisaient le siége du Louvre.

Le peuple criait : — Mort au roi! mort aux huguenots! mort au roi de Navarre!

Henri souriait et continuait à boire.

Enfin il se trouva seul avec Malican. Ce dernier alors s'approcha vivement de lui et lui dit :

— Ah! sire, comment osez-vous être ici?

— Chut! dit Henri, j'y suis pour mon agrément. Cela m'amuse beaucoup...

— Mais, si vous étiez reconnu...

— J'ai un masque.

— Les bourgeois ne le respecteront pas. On vous forcera à l'ôter.

— Bah!

Et Henri montra sa cuirasse à croix blanche.

Mais Malican n'était nullement rassuré.

— A votre place, dit-il, je m'éloignerais du Louvre.

— Bon! après?

— Et je gagnerais quelque quartier encore tranquille, où je trouverais un bon cheval...

Henri haussa les épaules.

— Mon pauvre Malican, dit-il, sais-tu que tu es devenu un joli poltron depuis que nous ne nous sommes vus?

— Ah! soupira Malican, c'est possible... je me fais vieux.

— Mais ne ferme donc pas ta porte!

— Merci! les balles qui pleuvent...

Une balle vint, en effet, ricocher sur les dalles du cabaret.

— Ça me connait, dit Henri, ne crains rien... Au siége de Cahors, elles étaient serrées et drues comme des grêlons.

Le calme du roi de Navarre produisit un bon effet sur Malican.

Son vieux sang gascon parla tout à coup et étouffa la voix prudente du bourgeois. Il décrocha une arquebuse et passa deux pistolets à sa ceinture.

— Où vas-tu donc? dit Henri.

— Je vais me battre.

— Contre qui?

Cette question abasourdit Malican, qui s'arrêta indécis.

— Est-ce que tu veux faire le siége du Louvre, toi aussi?

— Oh! non...

— Alors tu veux le défendre?

— Oui.

— Malheureusement, pour cela, il y faudrait pénétrer, et tu auras de la peine à le faire; mais, acheva Henri, si tu veux absolument de la besogne, viens avec moi.

— Où me conduisez-vous?

— Mais partout où il pleuvra moins de balles... Tiens, justement, j'avais un rendez-vous galant ce matin.

— Et vous pensez?...

— Je pense qu'il est charmant de baiser tendrement la main d'une femme aimée, tandis qu'on se bat dans la rue.

— Toujours le même, murmura Malican.

— Allons, viens! dit Henri, qui vida son dernier verre de vin.

— Mais, Sire...

— Les affaires de mon cousin le roi de France ne sont pas mes affaires... Si j'étais le maître du Louvre, je le défendrais autrement.

— Alors, dit tout bas Malican, pourquoi, Sire, paraissiez-vous prendre tant d'intérêt à ce qui se passe?

— Vois-tu, répondit Henri, on ne sait pas ce qui peut arriver.

— Comment cela?

— Je puis être au Louvre quelque jour... pour mon propre compte.

— Eh bien? fit Malican, qui tressaillit.

— Et maintenant que je sais comment les Parisiens font les barricades, cela pourra m'être utile... Allons, viens!

— Où allons-nous?

— Rue des Prêtres... chez le bonhomme Jodelle.

tu sais, cet honnête épicier chez lequel on me transporta jadis, quand mon cousin de Guise m'eut troué la peau.

Et Henri entraîna Malican hors du cabaret.

XVIII

La maison et la boutique du bonhomme Jodelle étaient toujours rue des Prêtres-Saint-Germain l'Auxerrois, comme on s'en souvient.

Il y avait quarante-trois années que le frère du poëte était épicier, et il s'en trouvait bien, car il était riche, bien portant et heureux.

En outre, il ne s'occupait point de politique et avait en grande pitié, dans son esprit, ces bourgeois fanatiques, enthousiastse de catholicisme, ces ligueurs effrénés qui voulaient exterminer quiconque ne crierait pas à tue-tête : *Vive la messe!*

Jodelle était veuf, circonstance qui n'est pas quelquefois d'une grande importance dans la quiétude de l'homme.

Son personnel commercial se réduisait à trois honnêtes commis d'origine bas-normande qui se souciaient peu de la religion et estimaient qu'un baril de vinaigre ou un tonneau de mélasse valait mieux qu'une messe chantée.

Sa famille était réduite à une fille unique.

Elle avait dix-huit ans, la petite; elle était jolie à croquer, se nommait Odelette et dirigeait son père par le bout du nez.

Épicier prudent, maître Jodelle entendait ne se mêler en rien des querelles quotidiennes qui avaient lieu entre les huguenots et les catholiques.

Il avait hautement déclaré que sa boutique, ouverte à six heures du matin et fermée à sept heures du soir, serait toujours un terrain neutre, accessible à quiconque aurait besoin de ses services, mais que sa maison, au contraire, serait fermée à quiconque se dirait huguenot ou du parti de la Ligue. Or, un soir, bien longtemps après le couvre-feu, maître Jodelle entendit frapper à sa porte. Il entre-bailla une fenêtre et se pencha au dehors.

Il y avait un cavalier dans la rue.

— Que désirez-vous? lui cria-t-il.

— Acheter un cierge, lui répondit le cavalier.

— Excusez-moi, mon gentilhomme, répondit Jodelle, mais le chevalier du guet n'entend pas que nous vendions après le couvre-feu.

Et il referma la fenêtre et retourna se mettre au lit.

Ce qui fut fort égal au cavalier, car, tandis que Jodelle fermait la croisée, Odelette ouvrait la porte.

— Entrez donc, monseigneur, dit-elle. J'ai entendu votre voix.

Or, on le devine, le gentilhomme, c'était Henri de Navarre.

Henri et Odelette étaient de vieilles connaissances.

La petite avait dix ans à l'époque où Henri avait été transporté chez son père et y avait reçu les soins de Sarah l'Argentière et de madame Marguerite.

Depuis lors, Henri était revenu maintes fois, et Odelette, devenue grande fille, s'était souvenue de la douleur éprouvée par ces deux belles dames au chevet du prince blessé et presque mourant.

Or, la petite, qui était destinée pour femme au premier commis de son père, préférait de beaucoup quelque aimable seigneur à l'éperon bruyant et à la moustache conquérante.

Quand elle regardait Barnabé, c'était le nom de son futur, avec sa béate figure jaune et longue coiffée d'un bonnet de coton, elle détournait la tête, fermait les yeux et rêvait d'un galant seigneur.

Or, le plus galant seigneur qu'elle eût jamais vu, c'était Henri de Navarre.

Et Odelette avait soupiré plus d'une fois, en songeant que madame Marguerite se portait bien et qu'un roi de Navarre, fût-il célibataire, ne pouvait épouser la fille d'un épicier.

Donc, Odelette avait reconnu la voix du prince et lui avait ouvert.

Henri s'était glissé dans la maison en lui disant :

— Je viens vous demander l'hospitalité. J'arrive à Paris et ne sais où descendre.

Au mépris du couvre-feu, Odelette avait rallumé les flambeaux, installé le prince dans la plus belle chambre de la maison, dressé une table et préparé à souper au roi de Navarre, qui mourait de faim.

Entendant tout ce vacarme, le bonhomme Jodelle s'était levé et était descendu. Il avait trouvé Henri soupant et Odelette causant.

D'abord le prudent épicier avait froncé le sourcil :

— Ah ! Sire, avait-il dit, c'est un bien grand honneur que vous me faites de choisir ma maison pour hôtellerie, mais...

Un regard d'Odelette avait noué la langue du bonhomme, et Henri n'avait point paru comprendre que sa situation de prince huguenot pouvait devenir fort compromettante pour son hôte.

Donc, il avait soupé tranquillement, puis il s'était mis au lit et avait dormi d'un profond sommeil, tandis que Jodelle ne dormait pas et espérait qu'il s'en irait le lendemain.

Mais le lendemain Henri demeura.

Il prit par-ci par-là un baiser sur la main blanche d'Odelette, fit une partie d'osselets avec Jodelle, déjeuna et soupa d'excellent appétit, et, la nuit venue, il s'enveloppa dans son manteau et annonça qu'il rentrerait tard.

En effet, vers minuit, il vint frapper à la porte.

Odelette lui ouvrit et s'aperçut qu'il n'était pas seul.

Un gentilhomme l'accompagnait.

— C'est un de mes amis, dit Henri. Excusez-moi, ma belle enfant.

L'ami du roi de Navarre n'était autre que Noë.

Le lendemain, le bonhomme Jodelle eut un convive de plus, et son inquiétude augmenta.

Mais ce fut bien pis le jour suivant, Henri et Noë revinrent avec trois autres cavaliers, et comme Odelette trouvait la compagnie charmante, Jodelle ne souffla mot.

Or donc, il y avait trois jours que Henri et ses compagnons étaient installés chez le bonhomme Jodelle et y demeuraient cachés jusqu'au soir, lorsqu'avait eu lieu la bagarre de la rue Saint-Antoine.

Cette nuit-là, Henri, sorti tout seul, n'était point rentré.

Il était allé au Louvre, comme on s'en souvient, et de là au cabaret de Malican.

— Viens, avait-il dit au cabaretier qui, après avoir fermé son cabaret, le suivit docilement.

Et Henri s'en alla tout droit à la rue des Prêtres, qui était voisine, du reste.

Le bonhomme Jodelle avait fermé sa boutique. Il estimait qu'une balle qui serait entrée chez lui tandis qu'il servait un chaland aurait pu lui ôter son bénéfice en lui cassant un pot par-ci par-là, si toutefois elle ne lui cassait pas la tête.

Henri frappa. Odelette vint ouvrir.

— Ah! monseigneur, lui dit-elle, nous sommes bien tourmentés depuis hier soir, vos amis et moi.

— Chère petite, dit Henri en lui frappant sur la joue d'un air amical, sais-tu où est Noë?

— Il court la ville pour vous chercher.

— Et les autres?

— Les autres aussi.

— Alors, il n'y a personne ici?

— Personne.

— Henri se retourna vers Malican.

— Ton beau neveu est incorrigible, dit-il. Je lui avais enjoint de m'attendre cependant.

Malican ne souffla mot. Henri continua :

— Ma petite Odelette, peut-on monter sur le toit de la maisoon?

— Mais... monseigneur...

— Réponds.

— Oui, certes... par le grenier, au moyen d'une échelle.

— Alors conduis-moi.

— Vous voulez monter sur le toit?

— Sans doute.

Odelette n'avait peur ni des bourgeois ni des huguenots, ni de personne au monde, du moment où elle était avec le roi de Navarre.

Henri et Malican la suivirent. Elles les conduisit

dans les combles de la maison et leur montra l'échelle qui permettait d'arriver sur le toit.

Les arquebusades se succédaient, le canon tonnait toujours.

Henri monta le premier, se cramponna à un tuyau de cheminée et regarda.

La place Saint-Germain-L'Auxerrois était presque sous ses pieds, et au delà le Louvre.

Le combat était acharné.

Le peuple s'était procuré du canon, deux petites couleuvrine de campagne qu'il avait braquées sur une des portes.

Les défenseurs du Louvre résistaient avec énergie.

— Ils tiendront bien aujourd'hui, murmura Henri.

— Et le roi va revenir, dit Malican.

— Qui sait ? fit Henri.

— Hé ! monseigneur, cria Odelette, qui était restée en bas de l'échelle, voici M. de Noë.

— Ah ! enfin ! dit Henri.

Noë monta.

— Je vous ai cru mort, dit-il au roi de Navarre.

— C'est assez ton habitude, toutes les fois que tu me perds de vue... répondit le prince en riant. Maintenant, puisque tu viens de courir la ville, que sais-tu ?

— Je sais, répondit Noë, que le duc de Guise est hors du Louvre !

Henri étouffa un cri.

— Et que le roi de France, si nous ne nous en mêlons, ne couchera pas en son palais.

— Dis donc, Noë, fit Henri de Navarre avec un sourire moqueur, penses-tu que, si j'étais assiégé par mon peuple dans mon château de Pau, le roi de France me viendrait en aide ?

— Je ne crois pas, dit Noë.
— Alors... attendons... j'ai besoin de réfléchir...
Et Henri continua à regarder la bataille.

XIX

Noë, Malican et la jolie Odelette s'étaient rangés sur le toit à l'entour de Henri de Navarre, cramponné au tuyau de cheminée.

Henri disait :

— Ces Parisiens sont tous nés soldats. Voilà des tanneurs et des tailleurs d'habits qui se battent comme des lansquenets ! Oh ! la jolie barricade ! comme elle est bien tournée, comme elle est savamment disposée en face de la grande porte du Louvre !

— Sire, dit Noë, voyez-vous cet homme à cheval, là-bas?

— Oui, qui commande le feu des deux couleuvrines?

— Précisément.

— Tu le connais? fit Henri avec un sourire.

— Aussi bien que Votre Majesté, je le vois : car elle a reconnu le duc de Guise.

— Ce cher cousin, dit le roi de Navarre, il a bien envie de coucher au Louvre ce soir !

— Mais nous allons nous mettre de la partie, n'est-ce pas?

— Heu ! heu ! fit Henri, qu'est-ce que cinq ou six cents Gascons éparpillés dans Paris?

— Ils valent mieux à eux six cents que les huit mille Suisses du roi de France.

— D'accord, mais...

— Mais ?... fit Noë.

— Puisque le roi de France ne veut pas de mon aide...

— Il faut le secourir malgré lui.

— Tu crois ?

— Dame ! c'est le frère de madame Marguerite, après tout.

— J'entends bien, mais...

Et Henri suivait toujours le combat des yeux.

— Et si le duc entre au Louvre, il sera roi...

— Pour vingt-quatre heures, peut-être.

— Qui sait ?

— Allons ! dit Henri, je le vois, la main te démange, tu veux en découdre, hein ?

— Ma foi ! oui...

— Eh bien ! va quérir nos Gascons.

— C'est inutile, ils attendent le signal.

— Où sont-ils ?

— Mêlés au peuple... dans toutes les rues avoisinantes... Tous ont les yeux fixés sur le toit.

— Alors, fais ton signal...

Noë se jucha sur le tuyau de cheminée et tira de sa poche un mouchoir bleu qu'il planta au bout de son épée.

Mais, comme il allait agiter ce mystérieux étendard, Henri l'arrêta.

— Qu'est-ce encore ? fit Noë.

— Regarde.

Et le roi de Navarre étendait la main vers le Louvre.

Les canons du Louvre avaient craché tant de mitraille sur le peuple, que le peuple reculait et désertait la barricade.

En vain M. de Guise à cheval donnait-il des ordres sous le feu, les bourgeois reculaient.

— Je crois, dit Henri, que nous n'aurons pas besoin d'intervenir, j'avais trop bien auguré de ces bourgeois : ils trompent ma confiance.

Mais, comme Henri achevait, il se fit un grand fracas sur la place Saint-Germain l'Auxerrois.

C'était une troupe de cavalerie qui arrivait au galop.

Ces cavaliers n'étaient autres qu'une centaine de reîtres allemands à la solde de la maison de Lorraine.

Une femme était à leur tête, casque en tête et l'épée à la main.

On ne reconnaissait son sexe qu'à la jupe rouge et bleue qui flottait au-dessous de sa cuirasse.

— La duchesse! s'écria Henri, c'est bien elle!

C'était, en effet, madame de Montpensier qui accourait avec du renfort.

Alors la lutte recommença plus acharnée, et M. de Guise parvint à rallier ses bourgeois en déroute.

— Vous voyez bien, Henri, dit Noë, qu'il faut que nous nous en mêlions. Ils vont prendre le Louvre.

— Attends encore... attends!... dit Henri.

Les reîtres s'étaient rangés en bataille et faisaient feu de leurs mousquetons et de leurs pistolets.

Les bourgeois étaient remontés sur la barricade et les deux couleuvrines fonctionnaient de plus belle.

— Ah çà! mais qui donc commande au Louvre? demanda Henri.

— C'est M. de Crillon sans doute.

— Impossible, il est à demi-mort.

— Alors, c'est M. d'Épernon.

— Oh! celui-là, dit Henri, je gage qu'il est caché dans les caves... Mais parbleu, j'y suis... c'est Mauvepin.

— Qu'est-ce que Mauvepin ?

— C'est le fou du roi.

Noë se mit à rire.

— Allons ! dit Henri, puisque tu y tiens, à ton signal.

Cependant le bonhomme Jodelle était plus mort que vif.

Il s'était réfugié dans une salle basse de sa maison, après avoir barricadé la porte.

— Mon Dieu ! mon Dieu ! murmurait-il avec effroi, pourvu que le peuple ne se doute point que le roi de Navarre est chez moi !... Si cela arrivait, on pillerait ma maison, on la brûlerait peut-être... et je serais massacré... mon Dieu ! mon Dieu !

Comme il se lamentait ainsi, Odelette redescendit du toit et vint rejoindre son père.

— Est-il bien caché, au moins ?... dit-il avec effroi.

— Qui ?

— Le roi de Navarre.

— Il est sur le toit.

— Mais on peut le voir... Oh ! mon Dieu ! quelle imprudence !

— Vous avez donc bien peur, mon père ? dit Odelette avec un fier sourire.

— J'ai peur pour lui...

— Oh ! soyez tranquille, il a une bonne épée...

— Qu'est-ce qu'une épée contre cette multitude en fureur ?

— Et puis il a des amis.

— M. de Noë et Malican, voilà tout.

— Vous vous trompez, mon père... Il a cinq cents Gascons.

On frappa rudement à la porte de la rue.

— En voici toujours quelques-uns, dit Odelette.

7.

Et elle courut ouvrir.

— Que fais-tu? s'écria Jodelle.

— J'ouvre aux amis du roi de Navarre, dit-elle en tirant les verrous.

Le bonhomme Jodelle faillit tomber à la renverse en voyant une troupe d'hommes armés s'engouffrer dans le corridor.

— Mon Dieu! mon Dieu! murmura-t-il, je suis un homme perdu !

— Ne craignez rien, mon bon ami, répondit un des nouveaux venus; foi de Lahire! nous défendrons votre maison.

— Ciel! on va donc en faire le siége? exclama l'épicier hors de lui.

— C'est probable...

— Mais on ne la prendra pas d'assaut, dit une voix.

C'était Henri de Navarre qui accourait au-devant de ses amis.

Noë avait fait flotter le mouchoir bleu, et à ce signal les chefs des Gascons disséminés dans les rues voisines arrivaient un à un.

— Écoute-moi bien, Lahire, dit alors Henri de Navarre : cette maison devient notre quartier général. Je ne me bats pas aujourd'hui, je suis las de la nuit dernière, mais je commanderai la bataille. Tu vas tourner le Louvre, tu rallieras tes hommes et tu tomberas sur le peuple par le bord de l'eau, de façon à le refouler vers la place Saint-Germain.

— Bon! après? dit Lahire.

— Toi, Noë, dit Henri, tu vas suivre Lahire et tu détacheras une vingtaine de nos Gascons sur les reîtres

— Et puis?

— Tu les attaqueras de façon à ce qu'ils se retournen

vers nous. Alors vous vous replierez vers la rue des Prêtres où, à notre tour, nous ferons une belle barricade.

— Ma maison sera brûlée ! s'écria le bonhomme Jodelle d'une voix lamentable.

— Eh bien ! dit la belle Odelette, notre cher Sire nous en donnera une autre.

— Petite, dit Henri qui lui prit un baiser, je te donnerai mon château de Coarasse, et nous y deviserons de faits de guerre et de propos d'amour...

— Incorrigible ! murmura Noë. Il conterait fleurette à un tendron au beau milieu d'un champ de bataille.

Et Noë sortit pour aller rallier les Gascons et exécuter les ordres de son maître

Nous prions nos lecteurs de revenir avec nous à la maison du bonhomme Jodelle, celle dont le toit servait d'observatoire à Henri et à ses amis, et du haut de laquelle ils observaient les péripéties de la lutte entre le Louvre et l'insurrection.

La rue des Prêtres Saint-Germain-l'Auxerrois était une rue tranquille, et peuplée d'habitants craintifs et ennemis du bruit.

Aussi, pas un ne s'était joint à ces bourgeois turbulents qui avaient la prétention de prendre le Louvre d'assaut.

Bien au contraire, chacun avait fermé sa boutique, verrouillé sa porte et cadenassé ses fenêtres.

Mais les fenêtres avaient des volets, et les volets des trous à travers lesquels les bourgeois observèrent ce qui se passait au dehors. Or, à leur grande stupéfaction, ils virent des gens d'épée frapper à la porte du bonhomme Jodelle, et cette porte s'ouvrir.

Plus de trente Gascons arrivèrent deux par deux ou

quatre par quatre; et toujours la maison du bonhomme Jodelle s'ouvrait pour eux.

Alors, comme en ce temps d'effervescence politique il y avait absence d'uniformes chez les gens d'épée, à l'exception toutefois de quelques troupes régulières, les bourgeois de la rue des Prêtres se demandèrent pour qui étaient ceux qui entraient chez leur voisin l'épicier Jodelle, s'ils tenaient pour le roi ou pour les princes lorrains.

Bientôt ils se crurent éclairés, car d'autres Gascons arrivèrent encore, criant à tue-tête : Vive la Ligue !

Et ces Gascons, après avoir reçu sans doute le mot d'ordre qui partait de la maison du bonhomme Jodelle, se mirent à déplacer les pavés et à construire une belle barricade à l'extrémité de la rue, du côté de la place Saint-Germain-l'Auxerrois.

La barricade est contagieuse : à mesure que les pavés s'entassaient, les plus timides habitants de la rue sentaient une fièvre sourde bouillonner en eux.

Une balle qui vint rebondir sur un de ces pavés alla ensuite traverser un volet et frapper une femme à la tête.

La femme tomba dans les bras de son mari qui cria vengeance, et ce cri fut répété.

Les Gascons qui construisaient la barricade étaient au nombre de vingt ou trente.

Les bourgeois vinrent à leur aide, persuadés qu'ils étaient ligueurs.

Noë, pendant ce temps, chargeait les reîtres.

Les reîtres, pris par derrière, firent volte-face et poussèrent leurs chevaux sur les Gascons.

Les Gascons étaient à pied.

Comme il en avait reçu l'ordre, Noë se replia vivement vers la rue des Prêtres et ses hommes franchirent la barricade.

Les reîtres furent arrêtés par cet obstacle, et leurs cuirasses brillantes, leurs chevaux caparaçonnés achevèrent de tromper les bourgeois de la rue des Prêtres.

Ils crurent à la présence de troupes royales et firent feu sur les reîtres.

Henri de Navarre s'était placé à une fenêtre de la maison de Jodelle et il cria à Noë :

— Bravo ! c'est cela !

Les reîtres se ruèrent sur la barricade, les Gascons et les bourgeois réunis les reçurent à coups d'arquebuse.

En même temps, d'autres Gascons, joints à d'autres bourgeois, élevèrent une seconde barricade à l'autre extrémité de la rue.

— Voilà ce que je voulais, disait Henri de Navarre au bonhomme Jodelle.

Ce dernier, plus mort que vif, s'était réfugié dans le coin le plus obscur de la salle basse et poussait des soupirs à fendre l'âme.

Odelette, au contraire, s'était fort négligemment appuyée à la barre d'appui de la fenêtre, à côté de Henri, bien que les balles sifflassent.

— Tu devrais bien te retirer de là, petite, lui avait dit Henri plus d'une fois.

— Pourquoi ? répondit Odelette, vous y êtes bien, vous !

Henri ne put réprimer un sourire.

— C'est dommage, dit-il, que tu portes des cotillons : tu as l'âme d'un soldat.

Odelette soupira.

Ce soupir voulait dire sans doute :

— Je vous aime !

Puis, tout à coup, elle reprit :

— Mais, Sire, je ne comprends absolument rien à ce qui se passe.

— En vérité, petite ! fit Henri.

— Dame ! voici les bourgeois qui se réunissent à vos soldats...

— J'y comptais, mignonne.

— Et vos soldats, qui sont huguenots, qui crient: « Vive la messe ! »

— Ruse de guerre, ma mie...

— Et les gens de Lorraine qui attaquent les bourgeois.

— J'ai prévu tout cela, mon enfant.

— Soit ! dit Odelette, mais je n'y comprends absolument rien.

— Eh bien ! regarde attentivement, dit Henri, et tu finiras par comprendre.

. . . .

Odelette n'était point la seule à ne pas comprendre le plan bizarre de Henri.

Madame la duchesse de Montpensier, entraînée par les reîtres, se trouvait en présence d'une barricade du haut de laquelle on la saluait par une grêle de balles.

— Ces gens-là se trompent ! dit-elle, ils nous prennent pour des gens du roi.

Les Gascons et les bourgeois tiraient toujours.

La duchesse fit mettre un drapeau blanc au bout d'une pique, ce qui était le signe qu'elle voulait parlementer.

Le feu cessa.

Alors madame de Montpensier s'avança jusque sous la barricade et cria :

— Vive la messe ! vive la Ligue !

Les Gascons et les bourgeois répondirent par le même cri et désertèrent la barricade.

Ce que voyant, madame de Montpensier poussa son cheval et franchit la barricade, pénétrant ainsi dans l'étroite rue des Prêtres.

Une trentaine de reîtres la suivirent, répétant comme elle :

— Vive la messe !

— Eh bien ! disait Henri à Odelette, comprends-tu maintenant ?

— Pas encore, Sire.

— Attends... et regarde bien...

La duchesse avançait, et à mesure que son cheval faisait un pas, elle était entourée par les bourgeois qui répétaient : *Vive la Ligue !*

Mais en même temps aussi les Gascons remontaient, mousquet en main, sur la barricade.

— Mes amis, disait la duchesse, vous vous êtes trompés, vous nous avez pris, nous les défenseurs de la Foi, pour les sicaires de ce roi hérétique qu'on nomme Henri de Valois...

— Vive la messe ! répétèrent les bourgeois.

— Le Louvre va être à nous, disait la duchesse. Nous proclamerons un autre roi.

— Oui... oui... disaient les bourgeois.

— Mon frère Henri de Guise, si vous le voulez.

— Vive le roi Henri de Guise ! cria la foule.

— Cette fois-ci, dit Henri à l'oreille d'Odelette, si tu ne comprends pas, petite, tu y mettras de la mauvaise volonté.

Et il se dressa sur l'appui de la fenêtre et tira son épée :

— A moi, Navarre ! cria-t-il.

Soudain les Gascons qui hérissaient les deux barricades poussèrent un cri :

— Vive le roi !

Et la duchesse et ses reîtres, et les bourgeois qui avaient cru combattre pour la Ligue, se trouvèrent pris entre deux feux.

En même temps toutes les fenêtres de la maison du bonhomme Jodelle s'ouvrirent et laissèrent passer le canon d'un mousquet.

— Voilà une fière revanche des bords de la Loire et du manoir de ce bon vidame de Panesterre, murmura Henri. Je crois que la duchesse, ma belle cousine, va se trouver mal à l'aise.

— Trahison ! trahison ! s'écria madame de Montpensier.

Le bruit des arquebusades couvrit sa voix, et dix hommes tombèrent à ses côtés...

XXI

Comment le Louvre résistait-il ?

Ses portes étaient épaisses, ses murailles avaient une profondeur raisonnable, — mais les couleuvrines des bourgeois fonctionnaient bien, et la barricade s'élevait assez haut pour que les gens grimpés au sommet pussent faire un feu nourri à l'intérieur, par les croisées que le canon avait brisées.

Les pièces d'artillerie des assiégés faisaient feu sans relâche.

Mais, ce jour-là, les bourgeois étaient plus nombreux qu'une pluie de sauterelles, et, véritable plaie d'Égypte, ils semblaient se multiplier.

Chaque homme qui tombait était remplacé.

En revanche, aucun soldat, Suisse ou garde du roi, ne se montrait sur les remparts.

Les assiégeants marchaient contre des murailles qui vomissaient la mort et ils n'avaient point la ressource et la satisfaction d'apercevoir leurs ennemis.

Cette défense habile et quelque peu singulière était l'œuvre de Crillon.

Quand Mauvepin eut constaté la fuite du duc de Guise, il remonta, tout confus, en avertir Crillon.

Crillon jura et pesta, s'écria que jamais il ne se pardonnerait d'avoir commis une semblable balourdise et fit le serment de ne plus manger à sa faim ni boire à sa soif qu'il ne l'eût réparée.

Puis, cette belle colère passée, il se souleva tout à fait sur son séant et dit à Mauvepin :

— Quand la monarchie est en danger, Crillon n'a pas le temps d'être malade !

— Mais, monsieur le chevalier, dit Mauvepin, vous n'aurez jamais la force de vous lever.

— Si fait bien ! répondit Crillon.

Et il descendit de son lit.

— Ça ! dit-il, baillez-moi mon pourpoint et mes chausses, que je ceigne mon épée et que je défende le Louvre !

Et Crillon s'habilla, comme il l'avait dit, sans pouvoir réprimer de temps à autre une grimace que lui arrachait la douleur...

Mais il s'habilla.

Puis, appuyé sur l'épaule de Mauvepin, il descendit dans la cour du Louvre.

Là, les Suisses étaient en émoi et attendaient des

ordres pour ouvrir les portes et faire une sortie furieuse sur le peuple.

Mais Crillon les calma.

— Tout beau ! mes enfants, dit-il, les sorties sont le moyen extrême des garnisons désespérées et réduites à la famine. Dieu merci ! nous n'en sommes par là, et il y a de quoi boire et manger au Louvre. Je puis même vous certifier que le roi a d'excellent vin, et nous le boirons sans vergogne. Ah ça ! mais où est M. d'Épernon ?

— Ici, répondit le colonel général des Suisses, qui était fort pâle et se tenait prudemment derrière Mauvepin.

— Mon pauvre monsieur d'Épernon, dit Crillon d'un ton quelque peu moqueur, vous n'êtes pas habitué à ces choses-là, et je conçois que le bruit du canon vous soit désagréable : mais on s'y fait vite, allez !...

D'Épernon ne souffla mot. Crillon poursuivit :

— D'abord, il s'agit de tenir conseil...

— C'est mon avis, dit Mauvepin, mais il faut aller vite en besogne.

— C'est l'affaire de trois minutes. Écoutez-moi bien. Nous avons dans le Louvre environ quatre mille Suisses ?

— Oui.

— Et trois cents gardes ?

— A peu près.

— Il y a des vivres pour trois jours au moins, continua Crillon. Si nous en manquons, nous tuerons les chevaux... on les flambera... Ce n'est pas absolument immangeable.

— Mais, monsieur le chevalier, dit Mauvepin, il me semble que, si nous mettions tout notre monde à cheval et que, ouvrant toutes les portes à la fois, nous fissions une sortie, nous aurions dispersé cette canaille en un clin d'œil.

— J'en suis certain, dit Crillon.

— Alors, dit Mauvepin, à cheval !

— Non pas, mon jeune maître, pas encore...

— Et pourquoi cela ?

— C'est ce que je vous dirai plus tard.

Puis, s'adressant à d'Épernon :

— Monsieur, dit Crillon, je vous engage à disséminer vos hommes dans toutes les salles qui dominent sur le bord de l'eau ; ils s'abriteront de leur mieux et feront feu sans relâche.

Vous, mousieur Mauvepin, je vous nomme grand-maître de l'artillerie. Vous avez tiré un premier coup de canon qui a porté : continuez...

D'Épernon ne demandait pas mieux que de ne point sortir à la tête des Suisses.

Il s'occupa des dispositions intérieures et exécuta les ordres de Crillon avec un zèle digne d'éloges.

Quant à Mauvepin, il transforma, en dix minutes, toutes les salles basses du Louvre en batteries et en casemates, et fit tirer à mitraille.

Crillon, trop faible pour marcher, se faisait porter et parcourait le Louvre, assis sur deux mousquets en croix portés par quatre Suisses.

Il assista à tous les préparatifs, se montra un peu partout, et finit par rejoindre Mauvepin dans une salle où il commandait le feu.

L'intelligent et brave fou du roi, métamorphosé tout d'un coup en général d'armée, avait fait entasser des matelas autour des fenêtres, ne laissant qu'une étroite ouverture par laquelle passait la gueule des canons. Il en manœuvrait un lui-même, et c'était celui-là précisément qui était placé en face de la barricade.

Lorsque Crillon entra dans cette batterie improvisée, Mauvepin l'accueillit avec un sourire :

— Voyez ! dit-il, les bourgeois tombent comme des mouches à la fin de l'automne.

— C'est bien, dit Crillon.

— On en a bien tué deux ou trois cents déjà, et si on faisait une sortie...

— Non, pas encore.

— Mais pourquoi ?

Crillon se fit mettre à terre, puis il se coucha sur l'affût du canon, de façon à pouvoir apercevoir la barricade.

Elle était jonchée de morts, mais sur chaque cadavre il y avait deux hommes debout.

— Prenez garde ! dit Mauvepin.

Comme il parlait, une balle vint s'aplatir sur la gueule du canon.

— Regardez, répondit tranquillement Crillon, qui arracha la mèche aux mains de Mauvepin et la plaça sur la lumière.

Le coup partit, un nuage de fumée enveloppa la barricade et dix hommes tombèrent.

— Je vois bien que voilà dix hommes de moins, dit Mauvepin ; mais, après ? me direz-vous ?...

— Eh bien ! dit Crillon, supposez qu'à chaque coup de canon on en tue dix autres...

— Bon !

— Et que cela dure jusqu'au soir ?

— C'est long.

— Soit ! mais les portes sont solides. Ce soir on aura bien tué quatre ou cinq mille bourgeois.

— D'accord !

— Alors, nous ferons notre sortie, et Paris rentrera dans l'obéissance.

— Mais, dit Mauvepin, pourquoi ne la point faire tout de suite ?

— Pour trois raisons. La première c'est qu'il est toujours bon de tuer du monde à l'ennemi sans en perdre.

— Je suis de votre avis, dit Mauvepin.

— La seconde, c'est que le roi va revenir avec les Suisses, et que le peuple se trouvera pris entre deux feux.

— Ah ! dit Mauvepin, à propos du roi, j'ai quelque crainte que, trouvant des barricades devant lui, il ne tourne les talons...

Crillon fronça le sourcil.

— Et qu'il ne s'en aille tranquillement à Saint-Cloud.

— Eh bien ! dit Crillon, nous réduirons le peuple sans lui.

— Voyons votre troisième raison, monsieur le chevalier, dit Mauvepin.

— Hum ! fit Crillon, celle-ci est la plus curieuse... Tenez... regardez !... voyez-vous le duc de Guise ?

— Parbleu ! il a une belle cuirasse et il est superbe à cheval. Les balles pleuvent autour de lui et l'épargnent.

— Il n'en faut qu'une pour l'envoyer dans l'autre monde. Voyez, je gage qu'il va monter sur la barricade.

— C'est bien possible.

— Eh bien ! nous avons chance qu'il y soit tué, mon ami.

— Ce qui simplifierait joliment les choses.

Tandis que Mauvepin s'exprimait ainsi, le duc, en effet, descendit de cheval et s'élança, l'épée à la main, sur la barricade.

Mauvepin fit tourner la couleuvrine, ses artilleurs y jetèrent une gargousse et un sac de clouterie, puis elle reprit sa position normale, et Mauvepin la pointa.

— Feu! dit Crillon : ce n'était peut-être que partie remise.

Un éclair brilla, puis un tonnerre, puis un nuage de fumée, qui, de nouveau, enveloppa la barricade...

XXII

Crillon avait trop espéré...

Le nuage de fumée se dissipa et la barricade se montra de nouveau à ses yeux.

Un homme était debout au sommet, parlant haut et donnant des ordres.

C'était le duc de Guise.

— C'est à recommencer! murmura Mauvepin.

Et de nouveau, il fit charger le canon.

Mais Crillon lui dit :

— Si M. de Guise reste encore cinq minutes sur la barricade, j'en réponds...

— Comment cela?

— Va me chercher une fourchette! dit le chevalier à un soldat qui se tenait derrière lui.

On appelait *fourchette*, à cette époque, une sorte de pieu en fer dont un bout était destiné à entrer en terre, tandis que l'autre, divisé en deux branches, servait de point d'appui au canon d'une arquebuse. Crillon ayant eu, dans le combat de la nuit précédente, un bras cassé, on conçoit qu'il eût besoin d'une fourchette.

La fourchette apportée, le chevalier la fit placer devant lui, juste à côté du canon. Puis il prit un mousquet des mains d'un garde et le posa sur la fourchette.

— A moins que sa cuirasse ne soit de trempe exceptionnelle, dit-il, M. de Guise est un homme mort.

Couché sur l'affût du canon, Mauvepin regardait.

Crillon fit feu.

Mauvepin vit le duc faire un brusque mouvement et chanceler l'espace de quelques secondes... mais il demeura debout, néanmoins.

— Hé! monsieur le chevalier, dit Mauvepin, votre balle lui est arrivée en pleine cuirasse...

— Alors, fit Crillon, il est mort?

— Il n'est pas même blessé, la cuirasse est de bonne trempe.

— Essayons encore, cependant!...

Et Mauvepin prit la mèche et fit feu à son tour.

Le canon vomit sa nuée de projectiles, la fumée entoura de nouveau la barricade; puis, quand elle se dissipa, Crillon et Mauvepin ne virent plus le duc.

Était-il mort ou blessé?

Ou bien était-il descendu de la barricade sain et sauf?

Voilà ce qu'il était impossible de dire.

Ce fut à ce moment qu'une diversion fut opérée parmi les assiégeants.

Les bourgeois, mitraillés à outrance, avaient fini par lâcher pied.

Il n'y avait plus personne sur la barricade.

Tout à coup Crillon et Mauvepin entendirent retentir une voix impérieuse au dehors :

— Lâches ! lâches ! disait-elle.

C'était la voix du duc de Guise, qui essayait de railler les bourgeois et de les ramener à l'assaut.

— Cet homme est invulnérable ! murmura Crillon avec rage : heureusement que ses gens ne le secondent pas.

— Hé ! hé ! dit Mauvepin, qui sait ?

En effet, vingt têtes de bourgeois apparurent de nouveau sur la barricade.

Le canon de Mauvepin tonna.

Quand le nuage de fumée se fut dissipé, Crillon aperçut vingt bourgeois debout.

On avait remplacé les morts par des vivants.

— Harnibieu ! mon pauvre Mauvepin, dit le chevalier, nous ne pouvons pourtant pas laisser prendre le Louvre.

— Certes ! non, dit Mauvepin.

— Continuez à tuer des bourgeois; moi, je vais monter tout en haut du Louvre, dans la tour de l'horloge. De là, j'apercevrai tout Paris.

— A quoi cela nous servira-t-il demanda ? Mauvepin.

— Je compterais les barricades !

— Bon !

— Et je verrai si le roi vient à notre aide...

— Peuh ! dit Mauvepin, si j'ai compté sur une planche de salut, je vous jure que ce n'est point celle-là.

Crillon se fit replacer sur les mousquets placés en croix, et transporter ensuite dans la tourelle de l'horloge.

M. d'Épernon l'avait suivi.

— Pensez-vous que nous puissions tenir longtemps, monsieur le chevalier ? demanda-t-il à Crillon.

— Aussi longtemps que vous tremblerez, dit Crillon.

Le faîte de la tour était percé de quatre meurtrières correspondant aux quatre points cardinaux.

Crillon se fit approcher de chacune d'elles, et il se servit d'une lunette pour mieux voir.

Au sud, au nord, à l'est ou à l'ouest, il vit des barricades hérissant Paris.

Un sourire vint à ses lèvres.

— Ce pauvre roi murmura-t-il, jamais il ne passera au travers de tout cela... Mauvepin a raison, il s'en ira à Saint-Cloud.

Crillon se rendit compte sur-le-champ, en jetant un coup d'œil sur la place Saint-Germain-l'Auxerrois, de ce mouvement offensif des assiégeants qui un moment s'étaient retirés.

C'était l'arrivée des reîtres de madame de Montpensier qui leur avait rendu courage.

Malgré les brutales paroles échappées à Crillon, d'Épernon ne l'avait point quitté.

— Monsieur le chevalier, lui dit-il, songez-vous toujours à faire une sortie ?

— Il faudra bien...

— Si nous parlementions avec le peuple ?...

— Monsieur, répondit Crillon, vous auriez fait un joli moine. Pourquoi n'êtes-vous pas entré dans les ordres ?

Et il lui tourna le dos et braqua de nouveau sa lunette sur la place Saint-Germain.

Une chose taquinait Crillon.

— Qu'était devenu le roi de Navarre ?

Tout en suivant des yeux le combat, le bon chevalier, qui était plein de sens, se disait :

— Évidemment le roi de Navarre ne s'est pas trouvé par hasard, l'autre nuit, dans la rue Culture-Sainte-Catherine. S'il a quitté Pau pour venir à Paris, c'est qu'il a un but... Et certainement il n'est point venu seul... J'ai idée que quelques douzaines de ses Gascons nous seraient d'un grand secours...

Tout en pensant ainsi, Crillon promenait sa lorgnette en tous sens, et après l'avoir arrêtée sur les rues hérissées de barricades, il finit par la diriger sur les toits, et son attention fut aussitôt attirée par un groupe d'hommes installé sur une maison de la rue des Prêtres, à l'entour d'un tuyau de cheminée.

— Harnibieu ! murmura Crillon, voilà, ce me semble, des gens de connaissance.

Et comme il braquait sa lorgnette sur eux avec obstination, il vit l'un déployer un étendard...

C'était le drapeau de Navarre !

— Ah ! mordieux ! dit Crillon, employant le juron favori du roi Henri de Bourbon, si ce drapeau flottait sur le Louvre, jamais M. de Guise n'y entrerait.

— Que dites-vous donc là, monsieur le chevalier ? demanda timidement d'Épernon.

— Je dis, répondit Crillon, que l'heure de la sortie approche, monsieur le duc.

— Mais nous pouvons tenir encore...

Crillon ne répondit pas. Il ne quittait point des yeux le drapeau qui flottait sur le toit de la maison du bonhomme Jodelle.

Il vit les Gascons accourir et barricader la rue des Prêtres, puis les bourgeois s'unir aux Gascons, Noë attaquer les reitres et se replier vers la barricade... et enfin madame de Montpensier donner tête baissée dans le piége que lui avait tendu le roi de Navarre et se faire prendre entre deux feux.

Dès lors, le chevalier oublia ses blessures; ses forces lui revinrent; il quitta la tourelle et redescendit dans cette batterie improvisée d'où Mauvepin continuait à mitrailler les bourgeois.

— Allons ! à cheval ! dit-il.

— Nous sortons ? demanda Mauvepin.

— Oui certes, répondit Crillon, et j'espère bien que Paris va se rendre, puisque le roi de Navarre est avec nous !

Comme Crillon parlait ainsi, les Gascons de Lahire attaquaient la barricade, et les bourgeois reculaient, balayés par un dernier coup de canon.

XXIII

Revenons au roi Henri III, qui venait de trouver fermée la porte des Fossés-Montmartre.

Le roi avait ordonné le feu, les bourgeois avaient riposté, et, on s'en souvient, le roi avait eu un cheval tué sous lui.

Cependant il s'était relevé sain et sauf, mais en murmurant :

— Voilà, qui est d'un funeste présage !

Le roi n'avait pas de canon pour enfoncer la porte.

Ses Suisses et ses gardes étaient à cheval et les fossés des remparts étaient larges.

Les bourgeois firent feu quatre fois de suite, et quatre fois les Suisses virent leurs rangs s'éclaircir.

Henri III avait auprès de lui un jeune officier, M. de

Joyeuse, nouvellement arrivé à la cour et déjà haut placé dans les bonnes grâces du roi.

Henri lui dit :

— On ne fait pas le siége d'une ville fortifiée sans artillerie.

— A moins, dit Joyeuse, qu'on ne monte tout simplement à l'assaut.

— Oui, mais pour cela il faut des fascines pour combler le fossé et des échelles pour escalader les murs, et je n'ai rien de tout cela.

— Que veut donc faire Votre Majesté ?

— Je veux d'abord sommer les rebelles de m'ouvrir les portes.

— Ils refuseront, Sire...

— Nous verrons bien ?

Le roi fit arborer un pavillon blanc, les bourgeois cessèrent le feu.

Alors M. de Joyeuse s'avança jusque sous les remparts et cria :

— Bourgeois de Paris, le roi vous ordonne de lui ouvrir la porte de sa capitale ! Si vous obéissez, on ne recherchera point les coupables ni les chefs de l'émeute.

— Et si nous refusons ? dit un bourgeois du haut du mur.

— Vous serez pendus !

— Vivre la messe ! Vive la Ligue ! A bas les huguenots ! répondirent les bourgeois.

Joyeuse n'eut que le temps de se replier vivement vers l'armée royale, car il fut escorté par une pluie de balles et fut assez heureux pour n'être point atteint.

— Il faut charger toute cette canaille ! dit-il au roi.

Mais le roi avait beaucoup réfléchi depuis cinq minutes.

— Mon mignon, dit-il à Joyeuse, il est inutile que je fasse massacrer mes Suisses, tout cela pour aller coucher au Louvre, un palais dans lequel je me suis toujours ennuyé.

— Votre Majesté n'a pas cependant l'intention de camper dans la plaine de Saint-Denis ?

— Non.

— Et Votre Majesté a besoin d'un gîte, dit Joyeuse en souriant.

— Je vais m'en aller à Saint-Cloud.

— Ah ! fit Joyeuse.

— De là, j'expédierai un courier à M. de Montmorency, qui a un corps d'armée à Mantes, et je lui enjoindrai de se venir joindre à moi pour faire le siége de Paris.

— Mais, Sire, pendant ce temps le peuple et les guisards prendront le Louvre.

— Cela n'est point certain... Crillon est un habile et vaillant capitaine.

— Et le reste des Suisses sera massacré par le peuple.

— C'est bien pour cela, dit Henri en soupirant, que je ne veux point faire écharper ceux-ci. J'ai fait la part du feu...

— Ainsi, murmura Joyeuse, nous nous retirons devant cette canaille !

— Mais elle le payera cher, sois tranquille !

— Et le roi fit sonner la retraite.

Peut-être que si madame Catherine eût été auprès de lui, il eût hésité encore et eût renoncé à cette retraite honteuse, mais il avait laissé madame Catherine en route, tant il était pressé, en quittant Saint-Denis, de châtier les Parisiens.

Et lorsque l'escorte royale fit un demi-tour à droite sous les murs de Paris, madame Catherine atteignait à peine les hauteurs de Montmartre.

Donc le roi et ses gens prirent le chemin de Saint-Cloud.

Cependant les arquebusades et les coups de canon retentissaient dans Paris.

— Crillon se défend comme un lion, disait le roi.

— Oui, Sire, mais le lion finira par succomber, dit Joyeuse.

— Ce serait dommage! murmura Henri III, car c'est un courageux homme de guerre et un sujet dévoué. Je le veux faire connétable, s'il en réchappe.

— Sire, Sire, dit encore Joyeuse, savez-vous bien que toutes les portes de Paris ne sont pas crénelées et solides comme celle des Fossés-Montmartre?

— Peuh! fit le roi.

— Et celle de Chaillot sous laquelle nous passons en ce moment...

— Mon mignon, dit le roi, si tu pensais que je m'en vais à Saint-Cloud par couardise, tu te tromperais...

— Ah! Sire!...

— Mais vois-tu, je suis superstitieux, et j'ai fait trois remarques tandis que tu parlementais avec les bourgeois. J'ai remarqué d'abord que mon cheval était blanc, comme mon drapeau.

— Eh bien! Sire...

— Qu'il avait été tué sous moi..., ce qui est d'un mauvais augure.

— Et puis?

— Et puis que c'était aujourd'hui vendredi. Or vois-tu, je me connais... une fois au feu, je nage dans le plomb fondu comme un poisson dans l'eau et je n'ai peur de rien. Mais il faut le temps de s'y mettre... J'ai donc la conviction que si j'avais voulu, Paris serait à moi depuis une heure, mais...

— Mais? fit Joyeuse.

— Je serais tué avant d'entrer au Louvre. Or donc, mieux vaut sauver le roi que la monarchie, aujourd'hui. Demain, le jour néfaste sera passé, et nous châtierons les Parisiens.

Ce fut en devisant ainsi que le roi arriva à Saint-Cloud.

On se battait toujours à Paris, et le bruit de l'artillerie passait au-dessus des cimes frémissantes de la forêt de Boulogne.

— Brave Crillon! dit le roi à quatre ou cinq reprises... il n'y a que les canons du Louvre pour tonner ainsi.

— A moins, dit Joyeuse, que ce ne soient ceux du duc de Guise.

— Ah! mon Dieu! s'écria le roi, qui se souvint des ordres qu'il avait laissés en quittant le Louvre, mais il est mort, le duc: Crillon n'est pas homme à me désobéir.

— Comment! fit Joyeuse, Votre Majesté croit!...

— Je crois que Crillon aura fait décapiter le duc... et c'est fâcheux... j'ai eu tort... cela va me brouiller avec le Pape...

Le roi, tout en maugréant, mit pied à terre dans la cour du palais, gagna ses appartements et s'y enferma avec Joyeuse.

— Au diable les Parisiens, les guisards, les huguenots et les catholiques! dit-il. Je suis las, je me vais jeter sur mon lit et dormir!

Et le roi fit ainsi qu'il l'avait annoncé. Il se coucha et s'endormit au bruit du canon qui tonnait dans Paris.

Il sommeilla ainsi plusieurs heures.

La reine-mère était arrivée à Saint-Cloud et avait en vain essayé de pénétrer jusqu'au roi.

Le roi, en se couchant, avait défendu qu'on laissât s'introduire personne chez lui, et la consigne avait été religieusement respectée.

Or, quand le roi rouvrit les yeux, il était nuit et sa chambre était plongée dans les ténèbres.

Il sauta hors de son lit et alla ouvrir la croisée. Cette croisée donnait sur la Seine.

Au delà on apercevait la forêt de Boulogne, et plus loin une lueur rougeâtre qui indiquait Paris.

Le bruit du canon avait cessé.

— Oh! oh! dit Henri III, qui plongea sa tête enfiévrée dans l'air frais de la nuit, Crillon aurait-il eu raison des Parisiens... ou bien les Parisiens auraient-ils pris le Louvre?

A cette dernière pensée, Henri eut un léger frisson :

— Pourvu toutefois, murmura-t-il à mi-voix, qu'ils ne m'aient pas tué mon pauvre Mauvepin...

Comme il prononçait ces mots, le roi tressaillit. Un soupir s'était fait entendre derrière lui.

— Holà! quelqu'un! cria le roi.

Nul ne vint, mais le soupir se renouvela.

— Qui est là? A moi! répéta Henri.

Le soupir fit place à une voix lamentable qui paraissait sortir des profondeurs de l'alcôve et qui n'avait rien d'humain.

— Sire roi, disait-elle, priez pour les trépassés!

Henri sentit ses cheveux se hérisser.

— Quelle est cette voix? dit-il, saisi de terreur.

— C'est la voix de l'âme de Mauvepin, lui fut-il répondu.

Le roi jeta un cri, et une sueur glacée inonda son front.

XXIV

Henri III demeura un moment stupéfait, anxieux, la sueur au front et la gorge crispée.

Était-il le jouet d'un rêve, ou bien Mauvepin, réellement mort, sortait-il de sa tombe pour lui venir reprocher son trépas ?

Henri était trop superstitieux pour ne point admettre cette dernière hypothèse.

— Mauvepin, Mauvepin, murmura-t-il, où es-tu donc, mon mignon ?

— Je suis mort, Sire.

— Mort ! mort ! dis-tu ?

— J'ai été tué sur les remparts du Louvre.

— Et quand cela ? mon Dieu ! fit le roi d'une voix non moins lamentable que celle du trépassé.

— Il y a une heure.

— Mauvepin, murmura le roi, ne t'abuses-tu point ?

— Non, Sire.

— Es-tu bien convaincu d'avoir été tué ?

— Si convaincu, mon cher roi, répondit la voix, que mon âme seule est ici.

— Où donc est ton corps ?

— Les bourgeois de Paris le traînent sanglant et défiguré par les rues...

Le roi se trouvait dans les ténèbres ; il entendait la voix de Mauvepin, laquelle semblait partir des murailles de l'alcôve. Et la voix disait vrai peut-être. L'âme seule du fou pouvait bien se trouver à Saint-Cloud, le corps des morts ne voyageant point avec la même facilité.

— Ainsi, reprit le roi, tu es mort?

— Oui, Sire.

— Qui donc t'a tué?

— Ah! c'est une plaisante histoire, Sire. C'est M. le duc de Guise...

Ce nom arracha le roi à sa stupeur. Il se souvint de tout ce qui s'était passé le matin ; et, oubliant un moment Mauvepin et le chagrin qu'il ressentait de son trépas, il s'écria :

— Comment! le duc n'est pas mort!

— C'est moi, Sire, et non lui.

— Mais j'avais donné des ordres à Crillon...

— Hélas! soupira l'âme de Mauvepin, ni M. de Crillon ni moi n'avons pu les exécuter...

— Et pourquoi cela?

— Parce que le duc a demandé un confesseur, lequel était un moine, et le duc est sorti du Louvre sous un froc.

— Par la mordieu! s'écria Henri, Crillon et toi vous êtes des maladroits...

L'âme de Mauvepin soupira plus fort.

— Et le duc t'a tué, lui?

— D'un coup d'arquebuse, Sire.

— Mais le Louvre n'est pas pris...

— Pas encore.

— Et la duchesse de Montpensier...?

— C'est précisément à cause d'elle, Sire, que j'ai demandé la permission de quitter l'autre monde pour venir donner un bon conseil à Votre Majesté.

— Voyons, dit Henri III, si le conseil est bon, je le suivrai, n'en doute pas, Mauvepin.

— Votre Majesté pardonnera ma franchise, puisque je suis mort à son service....

— Je pardonne tout, parle...

Et le roi chercha un fauteuil dans l'obscurité et s'y assit.

— Le cœur de Votre Majesté est trop bon et son esprit trop faible pour gouverner les Parisiens....

— Hein? fit le roi.

— Attendez, Sire..... Votre Majesté change souvent d'avis, et c'est un grand malheur....

— Tu crois?

— Si Votre Majesté n'était pas allée à Saint-Denis, et si elle avait fait arrêter madame de Montpensier au lieu de nous laisser écharper, Crillon et moi...

— Eh bien! fit Henri, que serait-il arrivé?

— Les Parisiens n'auraient pas fait de barricades...

— Ils n'en feront pas demain, sois tranquille!

— Non, si Votre Majesté suit mon conseil.

— Parle!

— Votre Majesté a eu beaucoup de chagrin ces jour-ci... La mort de son frère l'a frappée...

— C'est vrai, soupira le roi.

— J'espère que la mienne fera également quelque impression sur le roi.

— Tu es donc mort, bien vrai?

— Oui, Sire.

— Pauvre Mauvepin! dit le roi. Mais continue, mon mignon; car, pour n'être plus qu'une âme, tu causes fort agréablement...

— J'avais quelque esprit de mon vivant, murmura l'âme de Mauvepin.

— Mais où es-tu donc ? demanda Henri qui étendit ses mains dans l'obscurité.

— Près de vous, Sire ; mais, n'ayant plus de corps, je suis invisible...

— C'est juste. Eh bien ! tu disais que j'avais eu beaucoup de chagrin...?

— Oui, Sire. Et mon avis est que Votre Majesté a besoin de repos...

— Ah ! j'ai bien dormi, je t'assure....

— L'air de Saint-Cloud est vif et très sain. Votre Majesté fera bien d'y passer une huitaine de jours.

— Mais c'est impossible, il faut que je fasse rentrer les Parisiens dans l'obéissance.

— M. de Crillon s'en chargera.

— Lui tout seul ?

— Lui et ses amis.

— Mais au moins faut-il le dégager ; car, d'après ce que tu m'as dit, je vois qu'il est assiégé dans le Louvre.

— Il a fait un sortie... les assiégeants ont reculé. Il en fera une seconde, et les barricades tomberont.

— Mais encore faut-il que je lui envoie des troupes.... douze ou quinze cents Suisses, par exemple !

— Votre Majesté fera bien de garder ses Suisses, ricana l'âme de Mauvepin. Ce sont des troupes de choix, gardes précieuses qu'il ne faut pas entamer sur les piques des bourgeois.

— J'attends toujours ton conseil, Mauvepin, dit le roi, qui n'aimait pas qu'on raillât ses Suisses.

— J'ai conseillé à Votre Majesté de rester à Saint-Cloud.

— Bon ! mais que fera Crillon ?

— Crillon se chargera des Parisiens....

— Mais, la duchesse....

— Si Votre Majesté voulait prendre une plume et un bout de parchemin, et écrire trois lignes sous ma ditée... dans trois jours la duchesse de Montpensier ne l'occuperait plus....

— Que veux-tu donc que j'écrive?

— Ceci :

« Ce jourd'hui, moi, le roi, j'ai nommé M. le chevalier de Crillon gouverneur de Paris, et lui ai laissé pleins pouvoirs pour instruire le procès des princes et autres rebelles, lequel procès sera porté devant le Parlement. »

— Et tu veux que j'écrive cela?

— Oui, Sire.

— Et quand ce sera fait ?

— Votre Majesté pourra se recoucher et dormir sur les deux oreilles.

— Mais je ne puis écrire dans l'obscurité....

— Nous allons avoir de la lumière, répondit l'âme de Mauvepin.

En effet, un léger pétillement se fit derrière le roi, et le flambeau qui se trouvait sur le guéridon et qu'il avait soufflé en se mettant au lit se trouva rallumé comme par magie, et sa clarté inonda la chambre royale.

Alors le roi regarda autour de lui... et il put se convaincre qu'il était seul, et que Mauvepin n'était plus qu'un esprit.

— Où es-tu donc? répéta-t-il cependant.

— Ici, répondit la voix.

Venait-elle du plancher ou du plafond, du dehors ou du fond de l'alcôve?

C'était ce que le roi n'aurait pu dire, à moins qu'il

n'estimât que l'âme de Mauvepin se promenait en causant, car la voix semblait s'éloigner et rapprocher tour à tour, tantôt gronder sous les pieds du monarque et tantôt errer dans les frises de la corniche.

Comment le roi aurait-il douté encore?

Hélas Mauvepin était mort, bien mort.... Et puisque son esprit revenait de l'autre monde porteur d'un bon conseil, Henri le devait suivre.

Sur le guéridon, à côté du flambeau, il y avait une plume et du parchemin.

— Votre Majesté est elle décidée ? demanda la voix.

— Oui, répondit Henri, qui prit la plume et écrivit.

Puis, quand il eut fini :

— Qui donc portera cela à Crillon ?

— Moi, Sire.

— Mais puisque tu n'es qu'un esprit....

— Il n'importa... Seulement Votre Majesté a oublié de mettre son sceau.

— Ah! c'est juste! dit le roi, qui apposa son cachet.

— Et de me faire une promesse....

— Bon, et qu'elle promesse exiges-tu de moi?

— Celle de passer huit jours à Saint-Cloud....

— Sans retourner à Paris?

— Oui, Sire.

— Et tu m'assures que Crillon n'aura pas besoin de moi?

— J'en suis certain.

— Eh bien! je te promets de rester huit jours ici...

Soudain le flambeau s'éteignit.

— Que fais-tu ! exclama Henri.

— Bonne nuit, Sire....

— Comment! tu me quittes?

— Oui, puisque je suis mort.... Le jour va venir... et je n'ai que la permission de la nuit.... Adieu, Sire et Dieu vous garde!

La voix s'éloignait à mesure qu'elle parlait.

— Te verrai-je? demanda Henri.

— Je ne sais.... Au revoir... ou adie... dit la voix dans le lointain.

— Mauvepin... Mauvepin! appela Henri.

— Que voulez-vous, Sire?

Et la voix parut se rapprocher et passer à travers la muraille.

— Tu sais, mon petit chien... l'épagneul?

— Il est au Louvre, Sire.

— On ne lui a fait aucun mal?

— Aucun, Sire.

— Je te le recommande... Adieu, Mauvepin...

— Adieu, sire!

Alors le roi appela tout haut un de ses pages qui dormait dans un cabinet voisin.

Le page se leva, accourut avec un flambeau, et parut fort étonné de voir le roi debout.

Le roi constata la disparition du parchemin qui investissait M. de Crillon du gouvernement de Paris.

En même temps il visita sa chambre dans les coins et les recoins, et alla même jusqu'à regarder sous son lit

XXV

Que s'était-il passé dans Paris?

Certes, celui qui fût entré dans la capitale du royaume de France à dix heures du soir, soit par la porte Bourdeil, soit par celle de Chaillot ou bien par celle de Charenton, aurait eu sous les yeux un étrange spectacle.

Les rues étaient encombrées de barricades, jonchées de morts.

Les vitres des croisées couvraient le sol, le sang coulait par les ruisseaux.

Un silence de mort régnait partout ; le combat avait cessé.

Seul, le Louvre resplendissait de lumières comme si la royale demeure eût voulu donner une fête sur le théâtre du carnage.

Qu'étaient devenus les combattants ?

Les bourgeois de Paris étaient rentrés chez eux, et le Louvre n'était point tombé en leur pouvoir.

Sur chaque barricade il y avait deux sentinelles, — deux Suisses du roi, le mousquet sur l'épaule ou l'épée à la main.

Une rue seule au milieu de ce silence, avait une certaine animation.

C'était la rue des Prêtres-Saint-Germain l'Auxerrois.

Une maison qui se trouvait au milieu, sur la gauche, était cernée par une centaine d'hommes qui paraissaient disposés à la défendre jusqu'à la dernière extrémité.

C'étaient les Gascons du roi de Navarre qui protégeaient la maison du bonhomme Jodelle, où leur maître avait établi son état-major.

Cependant Henri ne s'y trouvait pas. Il y avait laissé Noë et Lahire, et s'en était allé au Louvre rejoindre M. de Crillon.

M. de Crillon tenait conseil de guerre et il avait choisi pour cela le cabinet du roi.

A sa droite il avait le roi de Navarr; à sa gauche M. d'Épernon; devant lui, une grande table.

Au bout de cette table, il y avait un siége vide, un siége destiné, sans doute, à un quatrième personnage absent, et qu'on attendait pour tenir conseil.

— Mon cher Sire, et vous monsieur le duc, disait Crillon s'adressant à ses deux partners, il semble, à première vue, que nous ayons fait les trois quarts de la besogne.

Le succès avait enhardi d'Épernon; il répondit avec jactance :

— Eh mais, il me semble que nous avons dispersé tous ces bourgeois.

— Oui, certes.

— Et que nous sommes maîtres de Paris.

— Provisoirement du moins.

— Il m'est avis, dit à son tour le roi de Navarre, que nous avons fait un assez joli coup de filet en nous rendant maîtres de ma belle cousine la duchesse de Montpensier. Et soyez tranquillle, mon cher chevalier, Noë et Lahire la gardent à vue, elle ne s'échappera pas !

— Je le crois, Sire, mais c'est le duc de Guise que je voudrais avoir en nos mains.

— Oh ! quant à celui-là, dit d'Épernon, qui devenait brave le péril passé, il a piqué des deux avant la nuit, et il est sur la route de Nancy.

— Je sais cela...

— Alors, que craignez vous ?

Crillon hochait la tête.

— Je suis peut-être un fort mauvais politique, dit-il, mais je vois juste, et je crains surtout les gens que je sers...

— Un sourire glissa sur les lèvres de Henri de Navarre.

— Je vous devine, chevalier, dit-il ; vous craignez que mon cousin le roi de France, pour qui nous avons versé des flots de sang cette nuit, ne se vienne jeter à la traverse de nos plans.

— C'est la vérité pure, dit Crillon.

— Eh bien ! attendons le retour de notre messager.....

— Ah ! c'est que, voyez-vous, dit Crillon, depuis vingt années que je sers les rois de France, je n'en ai encore vu aucun d'aussi faible et d'aussi irrésolu... Si le malheur veut qu'il rentre dans Paris avant trois jours, nous aurons de nouvelles barricades.

— Heureusement qu'il n'y rentrera pas ! dit une voix sur le seuil.

Crillon se retourna et aperçut Mauvepin.

Mauvepin en chair et en os, qui entra en souriant et dit :

— J'ai joliment joué mon rôle... le roi me croit mort.

— Mort ? fit Crillon étonné.

— Mais d'abord, fit Mauvepin, voici votre commission, monsieur le chevalier.

Et Mauvepin tendit le parchemin qui nommait Crillon gouverneur de Paris.

Puis il raconta, non son entrevue, mais son entretien avec le roi.

— Ah ça ! demanda le chevalier, je ne suis pas sorcier, moi, monsieur Mauvepin, et j'ai peine à m'expliquer comment vous étiez près du roi sans qu'il vous vît ?

— J'étais caché, par les soins d'un page, qui est mon

ami, dans un vaste coffre où le roi serre ses hardes.

— Bon ! mais il devait s'apercevoir que votre voix partait du coffre...

— Non, car ma voix descendait tantôt du plafond, tantôt venait à travers le mur, et tantôt montait du plancher.

— Voilà justement ce que je ne puis m'expliquer.

— Il n'y a pourtant rien d'étonnant à cela...

Cette réponse arracha un triple cri à M. de Crillon, à d'Épernon et au roi de Navarre, car elle parut sortir d'une solive du plafond et non point de la bouche de Mauvepin qui continuait à sourire.

— Vous êtes donc sorcier ? s'écria Crillon.

— Non, répondit Mauvepin, je suis *ventriloque*.

Et, sa voix semblant venir des profondeurs de la muraille, il ajouta :

— Cela veut dire qu'au besoin je parle avec le ventre.

Crillon et le roi de Navarre se prirent à rire.

Puis Mauvepin continua :

— J'estime donc, messeigneurs, qu'il nous faut, sauf meilleur avis, aller vite en besogne.

— Je pense comme vous, dit Henri de Navarre. Si vous voulez juger la duchesse, il faut se hâter... car mon cousin Henri ne pense jamais trois jours de suite de la même façon.

— Nous allons assembler le parlement cette nuit même. Le Parlement est pour le roi.

— Oui dit Mauvepin, mais il n'osera pas condamner à mort madame de Montpensier.

— Qui sait ? fit Crillon. Le témoignage du petit moine est bon à recueillir

— Mais parlera-t-il, le petit moine ?

— Avec un peu de torture on y arrivera, dit Mauvepin.

— Et où est-il ? demanda Crillon.

— Dans son cachot.

— Au Louvre ?

— Sans doute.

— J'ai envie de l'aller voir, dit Mauvepin.

— Si vous m'en croyez, conseilla Crillon, vous ne vous approcherez de lui qu'à longueur d'épée. Il a l'œil mauvais, cet enfant...

Puis, parlant ainsi, Crillon fut pris d'un sentiment de vague tristesse et comme d'un pressentiment étrange. Il passa la main sur son front et murmura :

— Ce n'est pas madame de Montpensier qu'il faudrait juger et condamner.

— Qui donc alors ? demanda Mauvepin.

— Ce moinillon.

— Bah !

— N'a-t-il point voulu tuer le roi ?

— Il n'était que le bras qui agit et non la tête qui pense.

— C'est égal, dit Crillon avec une sorte de ténacité, j'ai le pressentiment qu'il nous causera quelque grand malheur.

— Tarare ! dit Mauvepin, je le vais préparer à dire la vérité de gré ou de force, avec ou sans brodequins.

Et s'adressant au roi de Navarre :

— Sire, dit-il, vous êtes d'humeur bien plus facile et plaisante que monsieur de Crillon. Si vous me voulez suivre, je gage que je vous vais amuser quelque peu.

— Moi, dit Crillon, je vais mander M. de Harlay, conseiller au parlement, et m'entendre avec lui pour le procès de la duchesse. Nous n'aurons la paix que le jour où elle sera enfermée à Vincennes.

Mauvepin et Henri de Navarre quittèrent le cabinet royal, le fou montra le chemin.

Le cachot dans lequel on avait enfermé le moinillon Jacquot était une salle souterraine, il est vrai, mais, assez spacieuse et dans laquelle pénétrait, par un soupirail qui donnait sur la Seine, un peu d'air et de lumière.

Le moinillon, traversé d'outre en outre par l'épée de Mauvepin, à Château-Thierry, avait été rapporté en litière comme un prince, et soigné par les médecins du roi.

Mais on l'avait néanmoins mis au cachot, et jour et nuit une sentinelle placée derrière la porte le gardait à vue par un judas grillé.

Le roi de Navarre et Mauvepin s'arrêtèrent à la porte du cachot.

Un rayon de lune tombait par le soupirail sur le lit du prisonnier.

Mauvepin écarta la sentinelle et se mit à examiner le détenu à travers le judas.

— Que faites-vous ? demanda Henri.

— Sire, répondit tout bas Mauvepin, je vais vous faire juge de mes talents de ventriloque.

Et, dirigeant sa voix au-dessus du lit où dormait Jacquot, Mauvepin cria : Jacquot ! Jacquot !

Le moinillon s'éveilla.

— Jacquot, répéta la voix de Mauvepin, tu vas bientôt paraître devant Dieu.

Jacquot se souleva et cria d'une voix étranglée :

— Mon Dieu ! qui donc m'appelle et me parle ainsi ?

9.

— Un envoyé de Dieu qui vient t'exhorter au repentir.

Jacquot frissonna d'autant mieux que la lune éclairait son cachot et qu'il put constater qu'il était seul...

XXVI

Depuis quinze jours, l'existence du pauvre frère quêteur, le moinillon Jacquot était un tel tissu d'aventures romanesques et invraisemblables, que rien ne pouvait désormais l'étonner.

Après s'être mis sur son séant et s'être bien convaincu qu'il était seul, Jacquot, qui venait d'entendre une voix à côté de lui, demeura persuadé qu'il avait affaire à un esprit.

Et comme depuis quinze jours le pauvre enfant était victime de mystifications perpétuelles, il jugea l'occasion excellente de se renseigner quelque peu sur la vérité.

— Ah! dit-il, Dieu m'envoie un de ses esprits.

— Oui, répondit la voix qui, cette fois, parut sortir du fond de l'oreiller.

— Que me veut cet esprit?

— T'éclairer.

— Je ne demande pas mieux, murmura Jacquot : ca depuis longtemps la vie pleine de ténèbres pour moi

— Que veux-tu savoir?

— Je veux savoir avant tout si je suis moine ou gentilhomme.

— Tu es moine.

— Alors pourquoi m'a-t-on habillé en page ?

— Pour te mystifier d'abord, et ensuite...

La voix s'arrêta.

— Ensuite? insista Jacquot.

— Pour te pousser à commettre un grand crime.

— Ah ! fit le moinillon.

— N'as-tu pas dû assassiner le roi ?

— C'est-à-dire, répondit Jacquot, que c'était un démon qui avait pris sa figure.

— Tu te trompes : c'était le roi lui-même.

— En êtes-vous bien certain ?

— Oui, puisque je suis un esprit céleste, messager de Dieu qui voit tout, sait tout, et prévoit tout.

Et pour se donner un caractère encore plus immatériel, la voix de Mauvepin vint se jouer dans la chemise flottante du moinillon et fit vibrer sa poitrine.

Le moinillon tressaillit et dit avec un accent de terreur naïve :

— Mais les esprits célestes ont un nom ?

— Quelques-uns...

— Quel est le vôtre ?

— La voix du peuple, c'est-à-dire la voix de Dieu, répondit Mauvepin. Or, Dieu et le peuple sont las de voir les étrangers se tailler des pourpoints dans le manteau royal, les Lorrains régner à Paris, et les bourgeois affamer le pauvre sous prétexte de religion.

— Vrai, dit Jacquot, vous croyez cela ?

— Dieu est avec le roi, continua la voix.

— Ah ! fit Jacquot d'un air de doute.

— Et la preuve en est que tu as reçu un bon coup d'épée au moment où, cédant à des conseils perfides, tu l'allais assassiner.

— Ceci est juste, murmura Jacquot. Eh bien ! que venez-vous m'ordonner ?

— De dire la vérité.

— Comment cela ? Qu'appelez-vous la vérité ?

— C'est le récit de tous les événements étranges qui te sont advenus depuis le matin que tu allais quêter à Saint-Cloud.

— Et où le roi m'a fait rosser, dit le moine avec un accent de rancune.

— Le roi croyait avoir raison...

— Belle raison, en vérité ! murmura Jacquot avec amertume, de faire battre un pauvre moine !

— C'est que le roi se trompait.

— Comment ?

— N'étais-tu pas monté sur Balthazar ?

— Oui, certes.

— Eh bien ! la veille, un de tes frères en religion, monté comme toi sur Balthazar, est venu crier sous les mur du château : *A bas le Valois ! Vive la Ligue !* Le roi a reconnu l'âne et s'est trompé de moine.

— Ah ! c'est différent, dit Jacquot, qui trouva la raison plausible. Mais si je dois dire la vérité, à qui la dirai-je ?

— Au Parlement.

— Comment ! le Parlement m'interrogera ?

— Dès demain matin, et tu seras tenu d'affirmer sous serment que c'est madame la duchesse de Montpensier qui t'a poussée à assassiner le roi...

— Et si je ne voulais pas le dire ?

— Alors, on te tortuerait.

Jacquot frissonna.

La voix abandonna la chemise du moine et se réfugia dans la voûte du cachot, puis elle s'enfla et devint menaçante :

— Sais-tu, dit-elle, ce que c'est que la torture ?

— On m'en a parlé... mais je ne sais pas.

— Eh bien, écoute !

Jacquot avait quelque peu l'angoisse au cœur. Ce mot de torture lui sonnait désagréablement à l'oreille.

La voix reprit :

— On commence par les brodequins. Ce sont de mignons souliers en bois fermé par un pas de vis. On y introduit les pieds du patient, et puis on tourne.... on tourne..... jusqu'à ce que le patient avoue.... ou que les pieds soient écrasés....

— Et si le patient n'avoue pas ? demanda le moinillon.

— Alors on passe à la question par l'eau. Sais-tu comment on l'applique ?

— Non.

— On couche le patient sur une table, on lui ouvre la bouche et on lui entonne une pinte, deux pintes, dix pintes jusqu'à ce qu'il parle ou soit gonflé comme une vessie.

— Et s'il n'avoue pas ?

— On passe aux tenailles.

A ce mot, Jacquot eut froid dans le dos, mais il attendit que l'esprit s'expliquât.

— Tu ne sais pas ce que ce que c'est que les tenailles ?

— Non, dit le moine.

— On fait chauffer à blanc des tenailles dans un réchaud.

— Ah !

— Puis on tenaille les bras et les cuisses dans les parties charnues...

— Mon Dieu ! fit Jacquot avec effroi.

— Et puis, continua la voix, dans les plaies faites

par les tenailles rouges on verse du plomb fondu.

Jacquot jeta un cri. Cependant il fut tenace et dit encore :

— Et si on n'avoue pas?

— Alors on vous envoie en place de Grève où le bourreau vous pend...

— Oui, dit le moine, mais on meurt sans avoir avoué.

— Jacquot, dit sévèrement la voix, je puis te dire ton sort, pour le cas où te subirais la torture et la mort sans avoir confessé la vérité.

— Ah! fit le moine.

— Tu seras damné....

Cette fois, ce que la crainte des tortures et la peur de la mort n'avaient pu obtenir, l'horreur de l'enfer l'obtint.

— J'obéirai! murmura Jacquot épouvanté.

— Tu obéiras?

— Oui.

— Tu diras demain la vérité tout entière.

— Demain... ce soir même... si vous voulez!... balbutia le moinillon dont les dents claquaient de terreur.

— Alors, dit encore la voix, je puis te prédire l'avenir.

— Eh bien?

— Si tu confesses la vérité, tu sauveras la monarchie.

— Vrai?

— Et si tu sauves la monarchie, tu seras récompensé par le roi.

— Que fera-t-il donc pour moi?

— Il te nommera supérieur, dit la voix de Mauvepin, qui s'éloigna pour cette dernière prophétie et parut sortir des profondeurs de la terre. Au revoir Jacques... à demain !

— Eh bien ! Sire, dit Mauvepin à l'oreille du roi de Navarre, que pensez-vous de mon petit talent ?

— Il est merveilleux, monsieur Mauvepin.

Et Henri entraîna Mauvepin hors du corridor souterrain, et tous deux oublièrent de rappeler la sentinelle qu'ils avaient éloignée. Puis ils rejoignirent Crillon.

Crillon était déjà en conférence avec M. de Harlay.

M. de Harlay, homme intègre et royaliste ardent, était tout à fait de l'avis du bon chevalier. Il répondait du Parlement et se faisait fort, si le petit moine avouait que c'était la duchesse qui l'avait poussé à assassiner le roi, d'obtenir contre cette dernière une condamnation capitale et de l'envoyer en Grève.

— Envoyer en Grève une petite fille de saint Louis est chose grave, monsieur, observa Crillon.

Mais l'austère conseiller répondit :

— C'est le salut de la monarchie.

— Amen ! dit Mauvepin, qui rentra en ce moment et ajouta :

— Le moine parlera.

— En êtes-vous sûr ? dit Crillon joyeux.

— Comme je suis sûr de ne pas être Lorrain... A quand le Parlement ?

— Demain, dit M. de Harlay, à l'heure de midi.

— Monsieur le conseiller, observa Mauvepin, j'ai une petite recommandation à vous faire.

— Parlez...

— C'est d'aller vite en besogne.

— Pourquoi ?

— Mais parce que demain soir le roi pourrait bien

avoir fantaisie de venir coucher à Paris, et alors tout serait perdu. Le roi change d'avis douze fois en un jour, ce qui lui arrive souvent.

— Eh bien ! dit froidement le conseiller, rien n'empêche que la duchesse soit jugée et condamnée séance tenante.

Et M. de Harlay sortit.

Cependant le petit moine Jacquot était demeuré sur son séant, le front baigné de sueur et les cheveux hérissés.

— Oui, murmurait-il tout bas, j'ai voulu commettre un grand crime, pensant être agréable à Dieu, et il paraît que Dieu ne le veut pas.

La voix mystérieuse s'était tue, et l'esprit céleste était sans doute remonté au paradis.

En revanche, le petit moine crut entendre un bruit sourd au-dessous de son lit.

Ce bruit ressemblait à celui d'une pioche creusant le sol.

Jacquot prêta l'oreille.

Le bruit devint plus distinct.

Puis il lui sembla que son lit remuait...

Et alors Jacquot, surexcité par une terreur superstitieuse, quitta son lit malgré sa faiblesse et posa ses deux pieds sur le sol.

Le sol tremblait...

Tout à coup une dalle se souleva et Jacquot jeta un nouveau cri.

La dalle soulevée, Jacquot vit d'abord un trou noir.

Puis quelque chose de rond qui s'agitait dans ce trou.

C'était la tête d'un homme.

Cette tête sortit du trou et fut suivie par des épaules,

puis par tout le corps... et un homme se dressa dans le cachot.

Cet homme avait une armure militaire; mais Jacquot vit sa figure, sur laquelle tomba ce rayon de lune qui passait par le soupirail, et il reconnut dom Antoine, le moine soldat qui s'était prétendu son oncle.

— Je crois que j'arrive à temps, murmura dom Antoine. Et il prit le moinillon Jacquot dans ses bras...

XXVII

Madame Anne de Lorraine, duchesse de Montpensier, était cependant prisonnière. La chose avait eu lieu en un clin d'œil et comme par magie.

Au moment où les Gascons s'étaient dressés sur les deux barricades, prenant les reîtres entre deux feux, ceux-ci, qui étaient peu nombreux, avaient compris qu'ils étaient perdus.

— Rendez-vous! avait crié Noë.

— Rendez-vous! ou le dernier de vous sera passé au fil de l'épée! avait-il répété peu après.

Les reîtres étaient des mercenaires. Peu leur importaient l'honneur de la maison de Lorraine et la liberté de la duchesse.

Ils se battaient parce qu'on les payait, et du moment où ils voyaient la cause des Guise compromise, ils perdaient l'espoir de toucher leur solde.

Donc, les reîtres avaient trahi et mis bas les armes.

En vain madame de Montpensier avait essayé de les rallier, en vain les avait-elle appelés lâches!

Elle s'était trouvée seule, à cheval, au milieu des Gascons.

La duchesse avait l'âme d'un soldat malgré ses cheveux blonds et son apparence débile.

Elle avait fait feu de ses deux pistolets et tué deux Gascons. Puis elle s'était escrimée à coups d'épée et avait fait par-ci par-là bon nombre de déchirures. Mais son épée s'était brisée dans sa main et elle avait fini par se trouver désarmée.

Alors le roi Henri, qui assistait au combat fort tranquillement appuyé à l'entablement d'une croisée, à côté d'Odelette, était sorti de la maison du bonhomme, et s'approchant de la duchesse folle de rage :

— Bonjour, ma belle cousine, lui avait-il dit.

— Ah ! vous encore ! s'était écriée madame de Montpensier.

— Moi toujours, cousine !

Et Henri lui avait galamment offert la main pour descendre de cheval, ajoutant :

— Je crois cette fois que la partie est gagnée, duchesse... et que vous êtes ma prisonnière.

Madame de Montpensier essayait de résister encore.

— Mais, chère cousine, dit le roi de Navarre, ne restez donc pas ainsi au milieu de la rue : les gens de la Ligue tirent sur nous et attaquent la barricade.

— Ils vont me délivrer ! s'écria la duchesse.

— C'est possible ; mais, en attendant, ils courent risque de vous tuer.

Comme Henri parlait ainsi, une balle vint frapper au poitrail le cheval de la duchesse, qui tomba lourdement.

— Vous voyez bien, dit Henri.

Et il prit madame de Montpensier dans ses bras, car

elle se débattait encore, et il l'emporta dans la maison de l'épicier.

— Ma mie, dit-il à Odelette, je vous institue la camérière de madame la duchesse de Montpensier; vous l'allez conduire en votre chambre où elle quittera cette vilaine cuirasse, qui n'est certes pas vêtement de son sexe, et vous lui donnerez d'autres habits...

— Je ne veux pas ! exclama impérieusement la duchesse.

— Vous avez mauvaise grâce à me refuser, ma belle cousine.

Et, la regardant d'un air moqueur, Henri ajouta :

— Vous ne vous souvenez donc point du manoir des bords de la Loire ? vous savez, le manoir du vidame de Panesterre ?

— Oh ! je me vengerai ! fit la duchesse avec une rage indicible.

— C'est votre droit, si l'occasion s'en présente jamais, cousine.

— Et j'exterminerai les huguenots jusqu'au dernier !

— D'accord ; mais, en attendant, reprit Henri, souvenez-vous combien je fus docile et de bonne humeur le jour où je me trouvai en vos mains.

— Soit, dit la duchesse; je suis dans les vôtres pour peu de temps, du reste. Mon frère me délivrera.

Madame de Montpensier se résigna à cette captivité qu'elle supposait momentanée.

Mais elle ne voulut quitter ni son heaume ni sa cuirasse, et elle se pencha, comme le roi de Navarre, à la croisée, de façon à mieux voir les péripéties du combat.

Le duc de Guise avait bien autre chose à faire qu'à venir au secours de la duchesse.

Pris en flanc par les Gascons de Lahire, abandonné

par les bourgeois que le feu meurtrier du canon de Mauvepin décimait, il essayait vainement de rallier les reîtres demeurés sur la place Saint-Germain l'Auxerrois.

Ce fut alors que Crillon fit une sortie.

Le bon chevalier, ne pouvant monter à cheval, se fit porter sur deux mousquets en croix à la tête de la garnison du Louvre.

Ce fut alors aussi que, les bourgeois lâchant pied de toutes parts, le comte Éric de Crèvecœur, qui n'avait cessé de combattre à côté du duc, lui dit :

— Monseigneur, dans une heure il n'y aura plus une seule barricade. Les gens du roi seront les maîtres partout.

— Ma sœur ! où est ma sœur ? dit le duc.

— Elle est prisonnière... Mais ne craignez rien pour elle ; craignez pour vous.

— Que voulez-vous dire, comte ?

— Madame de Montpensier sera emprisonnée ; mais on sort de prison. Si Votre Altesse est prise, elle sera décapitée... Route de Nancy, monseigneur !

— Mais je ne puis abandonner ainsi madame de Montpensier.

— Je la sauverai ! Partez, monseigneur.

Le duc avait vu la mort de trop près, deux heures auparavant, dans les murs du Louvre, pour ne point suivre le conseil du comte Éric de Crèvecœur.

La duchesse, désespérée, assista à la déroute des bourgeois, à la prise de la dernière barricade, et elle vit les Suisses envahir la rue des Prêtres et venir donner la main aux Gascons.

Alors Henri lui dit :

— Je crois, ma belle cousine, que cette fois vous êtes en nos mains pour tout de bon...

Elle l'enveloppa d'un sombre regard de haine et lui dit :

— Je le vois, la lutte est maintenant entre nos deux maisons, Bourbon et Lorraine.

— Je le crois ! ricana le roi de Navarre.

— Et il en est une de trop sur terre, ajouta-t-elle ; il faut qu'elle disparaisse !

— Ce ne sera pas la mienne, dit Henri. Au revoir, cousine. Je vous laisse ici sous la sauvegarde de mon ami de Noë et je vais au Louvre...

— Ainsi, demanda madame de Montpensier, ceci est ma prison ?

— Oui, ma cousine.

— Pourquoi pas le Louvre ?

— Ah ! voilà, dit Henri, ce qui est étrange à première vue et ce que vous allez pourtant comprendre sur-le-champ.

— Je vous écoute.

— Si je vous mène au Louvre, vous ne serez plus la prisonnière du roi de Navarre, mais bien celle du roi de France.

— Eh bien ?

— Or, le roi de France est faible, madame, et je sais qu'il y a huit jours à peine vos beaux yeux lui ont un moment tourné la tête.

— Après? fit sèchement madame de Montpensier.

— Le roi de France serait capable de subir de nouvelles séductions...

— Ah ! vous croyez, mon cousin ? ricana à son tour madame de Montpensier.

— Oh ! certes ! tandis que moi...

— On ne vous séduit pas, vous, n'est-ce pas? fit-elle avec ironie.

— Nous nous connaissons trop bien, cousine...

— Mais peut-être qu'autour de vous... il se pourrait...

— Allons donc! dit Henri, vous allez me parler de Lahire et de Gaston, n'est-ce pas? Mais c'est Noë qui vous garde, madame, et je réponds de Noë mieux que de moi-même... Bonsoir, cousine.

— Un moment, cousin, avait encore dit la duchesse. Une question seulement.

— Parlez, cousine.

— Je suis donc la prisonnière du roi de Navarre?

— Oui, madame.

— Et le roi de Navarre, que compte-t-il faire de moi?

— Vous emmener à Pau, si le roi de France n'en veut toutefois à votre jolie tête.

Madame de Montpensier frissonna, et Henri, la laissant aux mains de Noë, s'en alla au Louvre.

Madame de Montpensier avait passé toute la nuit qui suivit la déroute des bourgeois et la fuite du duc de Guise dans la maison de l'épicier Jodelle.

Elle avait refusé de prendre le moindre repos, et ne s'était point mise au lit malgré les instances d'Odelette.

Noë avait placé deux Gascons en sentinelle dans le corridor, et lui-même s'était couché en travers de la porte.

Plusieurs fois, pendant la nuit, madame de Montpensier entendit la porte s'ouvrir et se fermer.

Henri et Noë échangeaient des messages.

Enfin le jour parut.

Un nouveau messager arriva du Louvre, et cette fois Noë frappa deux coups discrets à la porte de la duchesse.

— Madame, lui dit-il, j'ai ordre de vous conduire au Louvre.

— Ah! fit-elle avec indifférence. Eh bien! allons!

On avait fait avancer une litière à la porte du bonhomme Jodelle.

La duchesse y monta.

Les Gascons à cheval escortaient la litière; les Suisses formaient la haie depuis la rue des Prêtres jusqu'à la grande porte du Louvre.

Cet appareil militaire impressionna la duchesse. Mais quand elle eut traversé une des cours du Louvre, et que, descendant de litière, elle fut conduite au seuil d'une vaste salle, elle jeta un cri de terreur.

Dans cette salle, des hommes en robe rouge attendaient...

Ces hommes constituaient le Parlement.

Et le Parlement venait de décréter d'accusation Anne de Lorraine, duchesse de Montpensier, comme coupable de haute trahison !...

XXVIII

C'était bien le Parlement en robes rouges qui, par les soins de M. de Harlay, venait de se réunir. Crillon avait exhibé sa commission de gouverneur de Paris et l'ordre royal qui lui enjoignait d'assembler le Parlement et de faire juger, séance tenante, madame la duchesse de Montpensier.

La duchesse n'avait tremblé ni aux mains du roi de Navarre, ni au milieu de la grêle des balles qui avait plu autour d'elle, soit dans la maison du sire de Rochibond, soit sur la place Saint-Germain-l'Auxerrois et dans la rue des Prêtres.

Le vieux sang lorrain qui coulait dans ses veines l'avait jusque-là préservée de la peur.

Mais la vue des robes rouges exerça sur elle cette fascination mêlée d'épouvante à laquelle les gens d'épée résistent rarement. Ces hommes, vieux déjà, au front chauve, à la barbe blanche, à l'air austère et froid, lui causèrent plus de frayeur que tous les canons du Louvre.

Car ces hommes étaient-là, graves et calmes comme la destinée, inexorables comme elle. Elle s'était donc arrêtée sur le seuil, pâle, la sueur au front, la gorge crispée par l'angoisse; mais Noë la poussa devant lui et la força à venir jusque dans le milieu de la salle.

Une vieille coutume, qui avait fini par avoir force de loi, voulait que les séances du Parlement fussent publiques.

M. de Harlay, homme intègre et à cheval sur la loi, avait dit à Crillon :

— Le parlement ne siégera que si l'on ouvre les portes au peuple.

Ceci avait chagriné Crillon, mais il s'était résigné.

D'ailleurs, le bon chevalier, que Mauvepin accusait de manque d'esprit, était cependant homme de ressources à ses heures.

— Le président, s'était-il dit, veut que le peuple entre, et il ne considère ni les soldats, ni les Suisses, ni les gardes du roi, comme le peuple; il a raison; mais, attendu que les premiers absorbent beaucoup de place, et que, si vaste qu'elle soit, la salle ne saurait être aussi grande que la place du Châtelet, on ne laissera pénétrer que ce qu'elle peut contenir.

Ceci était parfaitement raisonné. Crillon trouva moyen de faire plus encore.

On ouvrit, par son ordre, la grande porte du Louvre, et l'on invita le peuple à entrer.

Mais, en même temps, on fit adroitement courir le bruit que les bourgeois qui s'introduiraient dans le Louvre pourraient bien n'en pas sortir.

Ce qui fit qu'une trentaine de bourgeois et d'ouvriers seulement, plus hardis que les autres, pénétrèrent dans la salle où le Parlement était assemblé.

Mais la vue de gens qui n'avaient ni épées ni cuirasses suffit à M. de Harlay, et il se déclara satisfait.

Puis il donna l'ordre d'introduire la duchesse et déclara la séance ouverte.

Madame de Montpensier jetait autour d'elle un regard éperdu. Mais tout à coup, parmi les quelques bourgeois qui étaient entrés, elle aperçut un homme dont la vue la fit tressaillir.

En apparence, c'était un ouvrier, un de ces mariniers de la Seine qui conduisaient des convois de bois disposés en radeau...

En réalité, c'était le chevalier Leo d'Arnembourg, le fidèle compagnon du comte Éric de Crèvecœur et l'un de ces quatre hommes qui avaient si ardemment aimé la duchesse.

Leo avait posé un doigt sur ses lèvres, et il adressa un regard significatif à Madame de Montpensier.

Ce geste et ce regard voulaient dire :

— Ne craignez rien... vos amis sont là pour vous sauver.

La présence de Leo d'Arnembourg dans la salle rendit quelque courage à madame de Montpensier.

Elle releva la tête et fixa un regard hautain sur ces

hommes qui s'étaient réunis avec la prétention de la juger.

— Pourquoi m'amène-t-on ici, dit-elle, et que me veut-on ?

— Madame, répondit M. de Harlay, vous êtes devant le Parlement.

— Pourquoi ? fit-elle avec un dédaigneux sourire.

— Madame, répondit sévèrement Achille de Harlay, vous êtes mandée par devant le Parlement pour répondre à une double accusation.

— Monsieur, répondit Anne de Lorraine, je ne sache pas que les gens de mon nom aient affaire au Parlement.

— Vous vous trompez, madame.

— Je suis de maison souveraine, et si j'avais à être jugée, je voudrais avoir un tribunal de rois.

— Madame, dit le président, tous les hommes, princes ou gentilshommes, nobles ou vilains, sont égaux en ce pays de France devant la justice.

Madame de Montpensier rencontra une seconde fois le regard de Leo d'Arnembourg.

Ce regard semblait dire :

— N'ayez ni crainte ni colère, et s'il plaît à ces hommes de vous juger, laissez-les faire ; il n'y a pour vous aucun danger.

— Eh bien ! monsieur, dit la duchesse, puisque je suis accusée, me direz-vous au moins de quoi on m'accuse ?

— De deux crimes, madame.

— En vérité ! c'est beaucoup. Voyons le premier cependant.

— Vous êtes accusée, madame, d'avoir soulevé le peuple de Paris contre l'autorité royale.

La duchesse plissa dédaigneusement sa lèvre supérieure.

— Monsieur le président, dit-elle, je ne suis point chargée par Dieu de gouverner le peuple de Paris.

— Mais il écoute votre voix, madame.

— Eh bien ! alors, c'est que ma voix retentit dans son cœur plus haut et plus fort que celle de son souverain. Et quel est le deuxième crime dont je suis accusée ?

— Vous avez voulu faire assassiner le roi.

— Par qui ?

— Par un jeune moine.

Anne de Lorraine fronça le sourcil, mais une fois encore son regard rencontra celui de Leo d'Arnembourg.

Ce regard du chevalier lorrain disait :

— Ne craignez rien.

Alors la duchesse, toujours calme, regarda M. de Harlay et lui dit :

— Est-ce tout ?

— Oui, madame.

— Monsieur, reprit-elle, en admettant que moi, Anne de Lorraine, fille de saint Louis et de sang royal, je consente à me laisser juger par vous, vous plairait-il me dire quelle peine le Parlement oserait prononcer contre moi ?

— Madame, répondit M. de Harlay, si le premier crime dont Votre Altesse est accusée venait à être prouvé...

— Eh bien ?

— Le Parlement condamnerait Votre Altesse à une prison perpétuelle.

Anne de Lorraine se prit à sourire.

— On sort de prison, monsieur, dit-elle, quand on est la sœur de mes frères. Et le second crime, cette tentative d'assassinat dont vous parlez, à quoi pourrait-il m'exposer ?

— A la peine capitale, madame.

Achille de Harlay prononça ces mots avec une telle fermeté que, malgré le regard de Leo d'Arnembourg, madame de Montpensier eut froid au cœur.

— La peine capitale ! s'écria-t-elle. Ah ! le roi de France y regarderait à deux fois...

— Madame, dit le président, le roi n'est point au Louvre, il est à Saint-Cloud, et avant qu'il soit de retour les ordres qu'il a donnés auront été exécutés...

— Et ces ordres ?

— Ces ordres sont simples et terribles, madame. Le Parlement va vous juger. Si le crime dont on vous accuse est prouvé, vous serez condamnée...

— Et ma condamnation prononcée ?

— Elle sera exécutée, madame.

— Quand ?

— Dans une heure.

Anne de Lorraine jeta un cri, et, à demi-folle d'épouvante, elle chercha parmi la foule le regard de Léo d'Arnembourg.

M. d'Arnembourg était toujours là, calme et souriant.

Achille de Harlay ajouta :

— L'homme que vous avez poussé, madame, à assassiner le roi, va être introduit, et s'il persiste dans ses aveux,..

— Ah ! fit la duchesse que le sourire de Léo rassurait un peu, il a fait des aveux ?

— Oui.

— Mais... ces aveux... osera-t-il les renouveler en ma présence? Car, fit-elle avec colère, cet homme a menti!

— Nous allons l'entendre... dit le président.

Deux hommes assistaient à la séance du Parlement.

Le premier était M. d'Épernon.

M. le duc d'Épernon avait hâte que la duchesse de Montpensier fût condamnée.

Selon lui, désormais, il fallait user à outrance de la victoire, car il avait trop peur des représailles.

Le second était M. de Crillon.

Crillon, lui aussi, avait hâte d'en finir.

— Le roi reviendra sur sa résolution première, se disait-il, et alors tout est perdu!

Crillon avait raison. Il fallait qu'il usât sur-le-champ, et sans réserve, des pleins pouvoirs qu'on lui avait conférés, ou tout était remis en cause.

Quant au roi de Navarre, il s'était abstenu, en sa qualité de chef des huguenots, de paraître à la séance du Parlement.

Mais Mauvepin était absent comme lui, et cependant, depuis quarante-huit heures, Mauvepin était devenu le bras droit de Crillon.

Où donc était Mauvepin?

Mauvepin, escorté de quatre gardes, était descendu dans le cachot du moinillon dont la déposition devait faire tomber la blonde et jolie tête de la duchesse.

Quand le président Achille de Harlay eut annoncé qu'on allait entendre les aveux du moine qui avait voulu assassiner le roi, tous les regards se retournèrent vers la porte avec une curiosité anxieuse.

Tout à coup Mauvepin parut.

Mauvepin pâle, défait, hors de lui, — Mauvepin seul et qui s'écria :

— Trahison ! trahison !

— Trahison ? exclama Crillon.

— Oui : le moine a disparu...

Ces mots produisirent un murmure de satisfaction dans la salle.

— Oui, répéta Mauvepin, on a cette nuit miné les murs du Louvre, creusé un souterrain, pénétré dans le cachot...

— Malédiction ! s'écria Crillon.

— Et on a enlevé le moine, dit Mauvepin.

Crillon poussa un cri de rage.

Le front assombri de madame de Montpensier se rasséréna.

En même temps un homme se montra au seuil de la salle.

C'était un garde du roi qui, tout poudreux, arrivait de Saint-Cloud à franc étrier.

— De la part du roi ! dit-il.

Et il remit un message à Crillon.

Crillon lut d'une voix étranglée :

« Monsieur le gouverneur de Paris,

» Je désire interroger moi-même madame la duchesse de Montpensier. Renvoyez le Parlement, si déjà vous l'avez assemblé. »

Leo d'Arnembourg continuait à regarder la duchesse en souriant.

— Harnibieu ! murmura Crillon au désespoir, tout est perdu, même le roi !

— Surtout lui, dit une voix au seuil de la salle. Au revoir, chevalier.

La voix qui venait de se faire entendre, c'était celle du roi Henri de Navarre.

XXIX

Pourquoi cette lettre du roi, et d'où venait ce revirement subit?

Pour le savoir, il faut nous transporter à Saint-Cloud et assister au réveil de Henri III.

Après le départ de ce qu'il croyait être l'âme de Mauvepin, Henri III s'était recouché et il s'était endormi.

Mais son sommeil fiévreux, agité, avait été de courte durée.

Au petit jour, il s'était éveillé et avait appelé ses pages.

— Sire, lui avait dit l'un deux, il y avait dans la salle voisine un cavalier qui a insisté pour être introduit auprès de Votre Majesté. Ce cavalier voulait qu'on éveillât le roi.

— D'où vient-il? demanda Henri III.

— De Paris.

— Quel est-il?

— Il n'a point voulu dire son nom.

Henri crut que c'était un messager de M. de Crillon, et il donna ordre de l'introduire, passant, à la hâte, un haut de hausses et un pourpoint.

— Sire, dit encore le page, la reine-mère désire

également voir Votre Majesté, et elle a veillé toute la nuit.

— Seule ?

— Non, en compagnie de ce cavalier masqué qui la suit partout.

Henri III fronça le sourcil.

— Ma mère me va rompre encore la tête des choses de la politique, dit-il. Décidément je préfère recevoir le cavalier qui vient de Paris.

— Et si la reine-mère insiste ?

— Eh bien ! tu lui diras que je dors !

Le page sortit.

Une minute après le cavalier inconnu entra.

C'était un grand et beau jeune homme dont la fière mine plut au roi.

Il était tête nue, sans éperons et sans épée.

Le roi répondit à son profond salut par une inclinaison de tête affable.

— Que désirez-vous, monsieur ? lui dit-il. Mais d'abord qui êtes-vous ?

— Sire, répondit l'inconnu, je me nomme Éric comte de Crèvecœur.

— Vous avez une tête qui me plaît, monsieur.

— Je remercie Votre Majesté du compliment, d'autant mieux que cette tête n'est pas très-solide sur mes épaules.

— Qu'est-ce que cela signifie, monsieur ?

— Sire, répondit Éric, je suis venu ici avec la résolution de dire au roi la vérité.

Henri fronça le sourcil.

— Or, poursuivit le comte Éric, dire la vérité aux rois, c'est jouer sa tête.

— Quelquefois, dit Henri III.

— Cette fois surtout, Sire.

— Vous croyez? dit le roi, qui regarda son visiteur matinal plus attentivement.

— J'en suis convaincu, Sire, Votre Majesté pensera comme moi lorsqu'elle saura la charge que j'occupe.

— Parlez...

— Oh! pas avant, dit le comte, que Votre Majesté ne m'ait engagé sa parole royale de m'écouter jusqu'au bout.

— Et si vos paroles me déplaisent?

— Votre Majesté me fera décapiter à la porte du château de Saint-Cloud, aussitôt que j'aurai fini.

Cette hardiesse plut au roi.

— Eh bien! parlez, monsieur, dit-il, foi de roi! je vous écouterai.

— Jusqu'au bout?

— Je vous le jure.

— Alors, Sire, reprit le comte de Crèvecœur, je ne dissimulerai pas plus longtemps à Votre Majesté que je suis le premier écuyer de monseigneur le duc Henri de Guise.

Le roi fit un geste de colère.

— Et vous osez venir ici! dit-il.

— Sire, dit froidement le comte, un homme qui a fait le sacrifice de sa tête peut tout oser.

— Et si je vous chassais?...

— J'ai la parole du roi... Le roi ne saurait y manquer.

— C'est juste. Eh bien! parlez, que venez-vous m'apprendre.

— D'abord, je viens donner à Votre Majesté les nouvelles des événements de Paris.

— Ah!

— M. de Crillon est maître de Paris, le duc de Guise est en fuite.

— Après ? fit le roi.

— Mais M. de Crillon eût succombé, s'il n'avait reçu un secours inespéré.

— Et... ce secours ?

— C'est celui du roi de Navarre et d'une armée de huguenots.

Henri III eut un geste de mauvaise humeur.

— Je n'aime pas, dit-il, que les Gascons se mêlent de mes affaires.

— Dame ! fit traîtreusement Eric de Crèvecœur, il était juste que le roi de Navarre défendît le Louvre.

— Et pourquoi cela, monsieur.

— Mais parce que son intention est de l'habiter un jour... quand il sera roi... roi de France.

Cette réflexion fit faire un soubresaut au roi.

— Monsieur de Crèvecœur, dit-il, vous aviez raison tout à l'heure, votre tête n'est pas très-solide sur vos épaules.

— Que le roi daigne écouter encore, je n'ai pas fini.

— Continuez ?

— La duchesse de Montpensier est prisonnière.

— Je le sais, et on va la juger.

— Mais on ne la condamnera pas, Sire.

— Et pourquoi cela, monsieur ? Le Parlement m'est dévoué.

— Le Parlement ne condamne pas sans preuves.

— J'ai une preuve vivante sous la main, le moine qui a tenté de m'assassiner.

— Votre Majesté est dans l'erreur, le moine dont elle parle n'est plus au Louvre.

Henri fit un pas en arrière.

— Et où donc est-il ?

— Nous l'avons enlevé cette nuit, et il est maintenant sur la route de Nancy.

Le roi poussa un cri de rage.

— Mais, continua le comte avec calme, ce n'est pas tout encore. M. de Mayenne est à Langres avec une armée catholique, et il va se porter sur Paris à marches forcées...

— J'ai mes Suisses, répondit le roi.

— C'est possible, dit le comte; mais monseigneur de Mayenne a une arme bien plus terrible que les Suisses, il a le légat.

Henri III fit un nouveau pas en arrière.

— Et le légat, poursuivit Éric de Crèvecœur, a pleins pouvoirs du pape.

— Pour quoi faire ? demanda le roi avec hauteur.

— Pour excommunier le roi de France qui s'est allié avec les huguenots.

Cette fois le monarque pâlit.

— Sire, continua Éric, un dernier mot, avant que Votre Majesté ordonne mon supplice.

— Parlez, monsieur.

— Son Altesse monseigneur le duc de Guise, mon maître, m'envoie vers Votre Majesté en qualité d'ambassadeur.

— Et qu'ose-t-il demander ?

— La paix, Sire.

— Le duc est bien hardi, monsieur.

— Sire, dit froidement Éric, le duc est de maison souveraine, et le temps n'est pas bien éloigné encore où les grands vassaux de la couronne tenaient le roi même en échec.

— Je saurai réduire les rebelles !

— Je crois que Votre Majesté ferait mieux d'écouter les propositions du duc.

— Quelles sont-elles ?

— Le duc ne reviendra point à Paris.

— Après ?

— Il restera à Nancy, et l'armée de M. de Mayenne se repliera vers la Meurthe.

— Et que veut le duc en échange ?

— La liberté de sa sœur.

— Et si je refuse ?...

— Sire, dit le comte, si vous refusez, tandis que ma tête tombera, celle de Votre Majesté sera frappée d'excommunication.

Ce mot acheva de faire perdre l'esprit au roi.

— Monsieur, dit-il, remontez à cheval, faites-vous escorter par un de mes gardes, et portez ce billet à M. de Crillon.

Et le roi écrivit le billet que nous avons vu parvenir au gouverneur du Louvre, dans la salle où le Parlement était assemblé pour juger madame la duchesse de Montpensier.

Quelques heures après, le roi était au Louvre, renvoyait le Parlement, faisait mettre en liberté madame la duchesse de Montpensier, et mandait Crillon auprès de lui.

Mais M. de Crillon ne paraissait point, et un homme entrait à sa place dans le cabinet du roi.

C'était Mauvepin.

— Comment ! drôle, lui dit le roi, tu n'es donc pas mort ?

— Ma mort n'ayant servi à rien d'utile pour Votre Majesté, répondit Mauvepin, j'ai pris le parti de ressusciter.

— C'est-à-dire que tu t'es moqué de moi, maraud !

— Nullement, Sire. J'ai essayé de donner un bon conseil à Votre Majesté.

— Où est Crillon ?

— Il est parti, Sire.

— Parti !

— Oui.

— Avec qui ?

— Avec le roi de Navarre. Ce dernier a trouvé qu'il ne faisait plus bon pour lui à Paris.

— Paris est tranquille, dit le roi, et Crillon a tort de prendre ainsi la mouche. Qui donc commandera les gardes françaises, si Crillon m'abandonne ?

— Sire, répondit Mauvepin, M. d'Epernon est fort bien avec le duc de Guise...

— Le duc de Guise n'a pas à se mêler de mes affaires.

— Oh ! certes non ! railla Mauvepin.

— D'ailleurs, il n'est plus à Paris.

— Il y reviendra, Sire, et plus tôt que ne le pense Votre Majesté.

— S'il y rentre, il sera mis à mort.

— Tarare ! répondit Mauvepin. Il aura 40,000 hommes pour le garder. Sire, je pars.

— Comment ! tu t'en vas ?...

— Oui, Sire.

— Et où vas-tu ?

— Dans mes terres.

— Tu as donc des terres, toi ?

— Le roi de Navarre m'en a donné...

Et Mauvepin salua et sortit, laissant le roi stupéfait.

Alors un nouveau personnage parut au seuil du cabinet.

C'était une femme vêtue de noir, au front pâle, à l'œil austère.

— Ma mère ! exclama le roi.

— Sire, dit la reine-mère, le premier glas funèbre de notre race a sonné. La tombe vient de s'entr'ouvrir pour la maison de Valois !... Adieu, Sire !...

TROISIÈME PARTIE

LE RÉGICIDE ET LES DEUX ROIS

I

— Hélas! mon doux seigneur! s'écria Paterne, Votre Éminence n'a nul appétit.

Son Altesse Royale monseigneur le duc de Bourbon, cardinal et oncle du roi de Navarre, soupira et répondit :

— Tu as raison, Paterne, je crois que je n'ai jamais eu moins faim qu'aujourd'hui, et cependant j'ai déjeuné ce matin, avant neuf heures, d'une humble tasse de chocolat.

— Ah! murmura Paterne, je sais pourquoi Votre Éminence manque d'appétit...

— Tu le sais? s'écria le cardinal; tu le sais, malheureux?

— Oui, monseigneur...

— Et tu ne me le dis pas?

— Je crains d'offenser Votre Éminence.

Le cardinal soupira profondément, croisa ses deux bras sur la table et répondit :

— Va, mon pauvre Paterne, un homme qui a l'estomac délabré n'est guère susceptible. Je te permets de parler.

— Vrai, monseigneur ?

— Foi d'Eminence.

Or, ceci se passait en l'an de grâce mil cinq cent quatre-vingt neuf, au mois de juin, juste cinq années après les derniers événements que nous venons de raconter.

L'oncle paternel du roi de Navarre, Monseigneur Charles de Bourbon, habitait son château de Vendôme, et il venait d'y terminer son souper, tout en causant avec Paterne. Qu'était-ce que Paterne ?

C'était un petit homme, gros et gras, un peu jaune, tout à fait chauve, vêtu comme un ecclésiastique et qui remplissait auprès de son Altesse les fonctions de chapelain en même temps que celles de valet de chambre.

Son Éminence le cardinal de Bourbon, frère puîné du roi Antoine, le père de Henri de Navarre, était un homme d'environ soixante-cinq ou six ans, qui n'en paraissait guère que cinquante et s'en donnait volontiers quarante-cinq.

Il était grand, bien fait, assez mince, avait des cheveux qu'il conservait noirs, grâce à des procédés alchimiques, comme on disait alors, et de fort belles mains dont il était fier.

Quoique cardinal, il n'avait pas la messe, c'est-à-dire que, bien que prince de l'Église, il n'était point engagé dans les ordres majeurs.

Or, monseigneur Charles de Bourbon achevait donc de souper dans la grand'salle de son manoir de Vendôme, dont il était maître et seigneur, et dans lequel le roi de France n'avait rien à voir, le Vendômois étant fief héréditaire de la maison de Bourbon.

Huit heures venaient de sonner et le jour s'éteignait.

Debout devant son seigneur, Paterne se tenait aussi roide et aussi droit que son abdomen volumineux pouvait le lui permettre.

Le cardinal avait pris un bouchon et s'amusait à le tailler avec son couteau.

— Ainsi donc, disait-il, tu sais, mon bon Paterne, pourquoi je n'ai pas d'appétit ?

— Oui, monseigneur. Et si Votre Éminence le permet...

— Je permets tout, te dis-je. Parle, Paterne, sans détours, et le plus vite possible surtout.

Paterne prit un air grave :

— Votre Éminence, je le vois, dit-il, n'aime pas à souper seule.

— Oh ! c'est vrai, cela.

— Donc, Votre Éminence s'ennuie...

— A mourir, mon bon Paterne. Mais je ne sais pourquoi je m'ennuie... par exemple, et voilà, je te l'avoue, ce que je voudrais savoir.

— Votre Éminence le saura, puisque je le sais et que je vais le lui dire.

— Eh bien parle !... et hâte-toi...

— C'est fort beau d'être cardinal, continua Paterne, fort beau vraiment !

— Peuh ! fit dédaigneusement Charles de Bourbon.

— Mais, poursuivit Paterne, ce n'est pas toujours récréatif.

— A qui le dis-tu, hélas !

— Quand on se nomme Bourbon, monseigneur, on a le sang chaud...

— Très-chaud, Paterne.

— On aime l'odeur de la poudre... le cliquetis des armes... le son des trompes guerrières...

— C'est juste, mon bon Paterne. Continue, va! continue...

— Au lieu d'une barrette, Votre Éminence eût dû coiffer un casque...

Le cardinal soupira.

— Coiffer un casque et endosser un cuirasse! monter à cheval... livrer des batailles...

— Mais à qui, mon Dieu? demanda naïvement le cardinal.

— A n'importe qui! répondit le belliqueux chapelain. Aux huguenots, par exemple!

Le cardinal soupira de nouveau.

— Hélas! dit-il, mon neveu n'est-il pas huguenot, lui aussi?

— Monseigneur, répliqua sévèrement Paterne, Votre Altesse est prince de l'Église et, comme tel, elle doit répudier toute parenté avec les hérétiques.

— Ainsi, poursuivit le cardinal, qui ne voulait, à aucun prix, parler de son neveu et de son héritier, j'étais fait, selon toi, pour livrer des batailles?

— Oui, monseigneur.

— Votre Éminence est un fort beau cavalier.

— Heu! heu! murmura le cardinal, j'*étais*, tu veux dire...

— Non pas monseigneur, aujourd'hui encore...

— Tu me flattes, Paterne.

— Mais non, monseigneur. Tenez, la sénéchale de Tours, qui est une fort belle femme, ma foi! me disait l'an dernier qu'elle admirait fort Votre Éminence.

Le cardinal, à cette confidence, se rengorgea légèrement et prit un petit air vainqueur.

Paterne reprit :

— Je voudrais voir Votre Éminence cuirassée, bottée, éperonnée...

— Et tu crois que cela me donnerait de l'appétit? fit le cardinal en souriant.

— Sans nul doute, monseigneur. De plus, je crois que si Votre Éminence allait faire un petit voyage à Tours, je gage qu'au retour Votre Éminence mangerait comme un ogre.

Le cardinal se versa un dernier verre de vin et soupira plus fort encore.

— Mais, hélas! dit-il, je suis d'Église, mon pauvre Paterne.

— Votre Éminence n'a que les ordres mineurs, on peut l'en relever.

— Et après?

— Votre Éminence pourrait embrasser un autre métier... le métier des armes...

— Je suis bien vieux.

— S'en aller vivre à la cour de France, commander des armées.

— Le roi n'a pas besoin de moi autrement que pour lui donner un bon conseil touchant ses processions... Te rappelles-tu la dernière que je lui ai organisée?

— Oui, monseigneur, elle était superbe; seulement, j'aurais voulu...

Paterne s'arrêta indécis, et le cardinal fronça le sourcil, s'imaginant que Paterne allait critiquer sa procession.

— Qu'aurais-tu voulu? demanda-t-il brusquement.

— J'aurais souhaité que le roi fût cardinal...

— Ah! bah! vraiment? fit Charles de Bourbon.

— Et que Votre Éminence fût roi.

Ce mot fit tressaillir le cardinal.

— Quel beau roi de France, en vérité, ferait Votre Éminence! continua Paterne. Attitude martiale, majesté de port, noblesse de visage... tout y est...

— Paterne, soupira le cardinal, tu es un flatteur!

— Mais non, monseigneur.

— Je suis cardinal et non roi. Le roi se nomme Henri, troisième du nom.

— Il n'a pas d'enfants, monseigneur.

— Il peut en avoir.

— Oui, mais il peut mourir auparavant...

— Il mourra toujours après moi. Je suis son aîné...

— Votre Altesse est robuste, elle vivra cent ans et plus... Le roi est usé... malade... chagrin...

— Eh bien! fit naïvement le cardinal, qu'est-ce que cela me fait, après tout? Le roi mort, vive le roi!

— Ce pourrait être vous, monseigneur.

— Non pas moi, mais mon neveu le roi de Navarre...

Paterne se signa d'un air scandalisé.

— Un hérétique! dit-il. Ah! monseigneur...

— Eh bien! qui veux-tu donc à sa place?

— Vous, monseigneur...

— Mais je suis cardinal!...

— Le pape vous relèverait de vos vœux.

— Au fait! murmura le cardinal rêveur, j'aimerais assez cela, moi, devenir roi de France!

Comme il formulait ce vœu, la porte s'ouvrit et le majordome du cardinal lui dit:

— Monseigneur, voici les ambassadeurs du peuple

de Paris qui sollicitent la faveur d'être admis auprès de Votre Éminence.

— Et que me veulent-ils ? demanda le cardinal.

Le majordome s'effaça et un homme parut sur le seuil, disant :

— Sire, nous apportons la couronne de France à Votre Majesté !

Charles de Bourbon tressaillit et regarda Paterne d'un air hébété qui voulait dire :

— Mais tu es donc sorcier !

II

Les envoyés du peuple de Paris, comme ils s'intitulaient eux-mêmes, étaient au nombre de trois.

Trois bourgeois !

A cette époque-là déjà le peuple, au lieu de faire lui-même ses affaires, avait coutume de les faire faire par les bourgeois.

De ces trois-là qui venaient apporter la couronne au cardinal de Bourbon, le premier était le représentant des peaussiers et tanneurs, une confrérie puissante entre toutes.

Il se nommait Châtelard, était porteur de larges épaules, d'un collier de barbe grise, d'une tête carrée et de grosses lèvres. Il était taillé en hercule et passait pour avoir assommé un bœuf d'un coup de poing.

Le second était un petit homme un peu gras, au regard timide, à l'accent patelin, qui avait des cheveux jaunes et un collier de barbe rouge.

On l'appelait Brisedoux, et il était le mandataire des drapiers, culottiers et tailleurs d'habits.

Le troisième, enfin, était un grave personnage, au front chauve, à la barbe blanche, et qui n'avait qu'un œil, comme Horatius Coclès.

Celui-là, nous l'avons entrevu déjà : c'était le sire de Rochibond, un des seize chefs de la Ligue, et dans la maison duquel avait eu lieu ce combat mémorable où Crillon, Mauvepin, le roi de Navarre et une poignée de gardes françaises tinrent pendant une nuit le peuple de Paris en échec.

C'était dans ce combat que le sire de Rochibond avait perdu un œil.

Cet œil, du reste, avait coûté cher, comme on va le voir, à Sa Majesté le roi Henri troisième du nom.

Le sire de Rochibond venait à Vendôme, lui, au nom des échevins et du gouvernement provisoire de la ville de Paris.

Lorsque chacun de ces trois personnages eut décliné sa qualité, sa profession et le nom de la confrérie qu'il représentait, le cardinal, qui, pendant ce temps, était revenu peu à peu de la surprise et de l'émotion qu'il éprouvait, s'adressa au sire de Rochibond et lui dit :

— Au nom de qui venez-vous m'offrir la couronne ?

— Au nom de la France.

— C'est un peu vague, observa le cardinal.

— Alors, au nom de la Ligue, Sire.

— Ceci est plus clair. Et pourquoi m'offre-t-on la couronne ?

— Parce que Votre Altesse est le plus proche héritier du trône.

Le cardinal se versa un nouveau verre de vin et dit :

— Mais le trône est donc vacant ?

— Oui, Sire.
— Le roi est mort ?
— Il n'y a plus de roi.
— S'il n'y a plus de roi, c'est qu'il est mort...
— Non, pas précisément.
— Alors il vit ?
— Oui, Sire.
— Donc il règne.
— Non, Sire.
— Ah ! pardon ! dit le cardinal, je ne sais pas deviner les énigmes.
— Sire, dit messire de Rochibond, Henri de Valois a trompé la France.
— Bon ! après ?
— Il a fait alliance avec les huguenots...
— Ah ! c'est mal, dit Charles de Bourbon.
— Et le pape l'a excommunié.
— Oh ! oh ! mais tout cela...
— La sainte Ligue l'a déposé...
— Je commence à comprendre.
— Et elle nous a chargés de venir vous offrir la couronne.
— Hum ! murmura le cardinal, c'est grave cela, messeigneurs.
Rochibond ajouta :
— Le peuple de Paris est dans l'enthousiasme.
— Vraiment ?
— Et il crie à tue-tête : Vive le roi Charles X !
— Tiens ! c'est juste, dit le cardinal, je serais Charles X, si je montais sur le trône...
— Vous y monterez, Sire.
— Heu ! heu ! dit le cardinal qui était homme de bon

sens, la chose ne me paraît pas aussi aisée que vous le pensez...

— Pourquoi? demanda le sire de Rochibond.

— Le pape, dites-vous, a excommunié Henri de Valois?

— Oui, Sire.

— Et la sainte Ligue l'a déposé?

— Il y a trois jours.

— Où est-il, Henri de Valois?

— A Saint-Cloud.

— Seul?

— Avec ses gentilshommes.

— Or, dit Charles de Bourbon, ces gentilshommes-là, je les connais. Il doit y avoir M. de Crillon, M. de Montmorency, M. de Condé, M. de Joyeuse...

— Oui, Sire.

— Et bien d'autres... Et avec eux une belle et bonne armée composée de Suisses, de reîtres et de lansquenets.

M. de Rochibond fronça le sourcil.

— Or, continua le cardinal, suivez bien mon raisonnement, messeigneurs ; supposons une chose : vous m'offrez la couronne?

— Oui, Sire.

— Je l'accepte.

— Oh! dit joyeusement le chef des bourgeois.

— C'est une supposition. Suivez-moi bien. Je vous accompagne à Paris. Le peuple m'ouvre ses portes...

— Avec enthousiasme, Sire.

— On jette des fleurs sur mon passage, on me conduit au Louvre, et on y proclame le roi Charles X.

— C'est ce que nous comptons faire.

— Mais, poursuivit le cardinal, pendant ce temps, Henri de Valois, l'autre roi, monte à cheval, assiége Paris et le prend d'assaut....

— Nous résisterons...

— Je le souhaite pour vous; mais laissez-moi toujours supposer.

— Soit! fit M. de Rochibond.

— Le Valois prend Paris; il passe les bourgeois au fil de l'épée, et il fait décapiter le prétendu roi Charles X.

— Sire, dit M. Rochibond, cela ne sera pas.

— Cela peut-être...

— Non, Sire, car Dieu est pour nous, dont la cause est juste.

— Messieurs, dit le cardinal, j'ai besoin de réfléchir, de consulter le Saint-Esprit et de lui demander ses lumières.

— Mais, dit M. de Rochibond, Paris nous attend...

— En tous cas, vous n'y pouvez retourner aujourd'hui, ce me semble!

— C'est juste.

— Je vous conseille donc de souper ici, et d'y passer la nuit, et demain...

— Demain? firent les trois ambassadeurs avec anxiété.

— Demain, messieurs, j'aurai l'honneur de vous répondre.

Le sire de Rochibond accepta la proposition du cardinal, et ses compagnons l'imitèrent.

Le bon Paterne les conduisit dans une salle voisine, leur fit servir des viandes froides et de bon vin, leur tint compagnie, et se fit donner des nouvelles de Paris et de la politique.

— Fiez-vous en à moi, disait-il, monseigneur le cardinal acceptera.

— Dieu vous entende ! répondirent les bourgeois.

Et ils soupèrent de bon appétit et s'allèrent coucher

Alors Paterne rejoignit le cardinal.

Celui-ci était demeuré assis dans son fauteuil et plongé dans une méditation profonde, en présence des restes de son souper.

— Eh bien! Paterne, dit-il en voyant rentrer son chapelain, que penses-tu de cela?

— Mais, dame! fit Paterne, c'est un beau rêve.

— Tu crois?

— Dame! c'est beau, être roi.

— Oui, quand c'est Dieu qui vous élit.

— Heu ! heu ! fit Paterne.

— Mais, ici, ce n'est point cela...

— Puisqu'on a déposé le roi Henri de Valois.

— Soit! mais ceux qui l'ont fait en avaient-ils le droit?

— Certainement.

— Oh ! oh! mons Paterne, dit le cardinal, je crois que vous allez un peu loin.

— Mais, monseigneur...

— Enfin, si j'accepte, je serai un usurpateur...

— Non, puisque le trône est vacant.

— En tout cas, je serai un roi du peuple.

— Oui, certes.

— Et non un roi choisi de Dieu...

Une voix qui semblait descendre des lambris de la salle répondit :

— *Vox populi, vox Dei !* la voix du peuple est celle de Dieu ?

Paterne et le cardinal se levèrent stupéfaits.

— As-tu entendu ? dit le cardinal.

— Oui, Sire.

— Cette voix... d'où vient-elle?...

— D'en haut ! répondit la voix.

— Un miracle ! s'écria Paterne, Dieu fait un miracle !

Et il tomba à genoux.

— Charles de Bourbon, reprit la voix mystérieuse, Dieu te conseille d'accepter la couronne de France !

Paterne, demeuré à genoux, fit un signe de croix et s'écria : — Vive le roi Charles X !...

III.

Tandis que Paterne tombait à genoux et criait : Vive le roi ! la voix mystérieuse continua :

— Charles de Bourbon, Dieu a de grandes choses à te commander.

— Je suis prêt à obéir, répondit le cardinal.

— Mais, dit encore la voix, il est des secrets que Dieu, dont je suis le messager, ne veut pas confier à tout le monde.

— Faut-il que je renvoie Paterne ?

— Oui.

— Va-t'en, Paterne, dit le cardinal, qui était devenu tout tremblant et murmurait *in petto :* On a beau être de sang vaillant et se nommer Bourbon ; on a beau être prince de l'Église et fervent catholique, on ne saurait entendre une voix céleste sans émotion, surtout quand on n'y est pas habitué.

Et tandis que Son Éminence le cardinal de Bourbon s'adressait ce petit monologue, Paterne sortait en courbant la tête. Paterne était humilié de voir que le ciel avait des secrets pour lui.

Ce qui fit que, lorsqu'il fut sorti et après avoir traversé bruyamment la salle voisine, il revint sur ses pas, marchant sur la pointe du pied.

Puis il colla son oreille à la porte.

Paterne entendit le cardinal qui répétait :

— Que Dieu ordonne, j'obéirai !

Puis la voix céleste qui répondit :

— Avant de vous transmettre les instructions de Dieu, monseigneur le cardinal, il est bon que nous causions un peu.

— Voilà un messager céleste bien respectueux, pensa le cardinal : il m'appelle *monseigneur*, moi qui ne suis qu'un homme, et il ne me tutoie pas.

— Causons, reprit-il tout haut : mais d'abord à quelle puissance du ciel ai-je affaire ?

— Je suis un simple bienheureux, répondit la voix.

— Vous avez été homme ?

— Oui, monseigneur.

— Et martyr ?

— J'ai été tué par les ligueurs il y a cinq ans, quoique je fusse bon catholique.

— Et comment vous nommiez-vous de votre vivant ? demanda le cardinal.

— Mauvepin.

— Un singulier nom !

— Il était bizarre, en effet, mais il m'a néanmoins ouvert les portes du ciel, où j'ai été mis au rang des bienheureux.

— Vous étiez, sans doute, fervent catholique ?

— Et bon royaliste, monseigneur.

— Et Dieu vous a investi de sa confiance au point de vous envoyer vers moi ?

La voix qui se promenait dans les frises du plafond

et semblait faire le tour de la salle, la voix répondit :

— C'est que, ayant vécu avec les gens de la Ligue, je les connais fort bien.

— Cela doit être.

— Et Dieu a pensé que, mieux que tout autre, je pourrais mettre Votre Éminence au courant des choses de la politique.

— Eh bien ! dit le cardinal, bienheureux Mauvepin, puisque vous avez mission de me parler politique, je vous écoute.

La voix reprit :

— Monseigneur, vous avez ouï parler de cette ruse de Satan qui le poussa un jour à se faire ermite afin de mieux perdre les âmes. Eh bien ! depuis dix années bientôt, il a changé de déguisement.

— Ah !

— Il s'est fait ligueur. L'esprit de la Ligue, c'est l'esprit du diable ?

— Mais alors les gens qui sortent d'ici ?...

— Ce sont des ligueurs, monseigneur.

— Donc, ils sont messagers du diable ?

— Naturellement.

— Et c'est le diable qui m'offre le trône de France.

— Votre Éminence l'a dit.

— Mais... alors... pourquoi... vous-même... bienheureux Mauvepin...?

— Moi, monseigneur, j'ai pour mission de déjouer les ruses du diable.

— Mais, si vous m'offrez la même chose que lui, cependant...

— Il n'importe.

Le cardinal leva les yeux au plafond, d'où partait toujours la voix.

— Voilà, murmura-t-il, qui n'est pas aisé à comprendre.

— C'est ce que vous allez voir, pourtant. Les ligueurs ont un but en offrant la couronne à Votre Éminence.

— Et ce but...?

— Je me trompe, monseigneur. Les ligueurs sont divisés en deux camps ; ces deux camps ont une manière de voir différente, mais ils se sont entendus pour vous offrir la couronne, et chacun d'eux a son plan.

— Voilà qui est bien compliqué.

— Que votre Éminence daigne m'écouter, poursuivit la voix, à qui il prit fantaisie de quitter le plafond pour s'aller promener dans les profondeurs du parquet.

— J'écoute, dit le cardinal.

— Le premier camp des ligueurs se compose de fanatiques ennemis du roi Henri.

— Ah !

— Ceux-là, en haine du roi, en haine des huguenots et de votre neveu le roi de Navarre, vous veulent faire roi.

— Bon. Et les autres ?

— Les autres sont des partisans de la maison de Lorraine.

— Alors, dit le cardinal, pourquoi ne choisissent-ils pas pour roi un prince lorrain ?

— Votre Éminence ne saurait ignorer que le roi Henri a fait mettre à mort le duc Henri de Guise et son frère le cardinal, tout récemment, au château de Blois.

— Je sais cela, hélas !

— Cet acte d'autorité terrible a été la cause du soulèvement de Paris, qui vient de déposer le roi Henri troisième.

— Mais il reste le duc de Mayenne ?

— Oui, certes.

— Eh bien ! comment ne songe-t-on pas à lui ?

— Oh ! ceci est le secret de madame la duchesse de Montpensier, sa sœur.

— Et ce secret...?

— Dieu et moi le savons. Madame de Montpensier veut être reine.

— Bah !

— Et devenir la femme du roi Charles X.

— C'est-à-dire la mienne ?

— Oui, monseigneur.

— Voilà donc cet autre motif qui pousse les ligueurs à m'offrir le trône ?

— Justement.

— N'y en aurait-il pas un troisième ?

— Oui, monseigneur.

— Et celui-là ?

— C'est celui de la Providence, qui m'a chargé de vous en faire part.

— Voyons ? fit le cardinal.

— Si vous vous laissez faire roi, le peuple de Paris vous obéira.

— Très-bien !

— Et vous lui commanderez de démolir ses barricades et de rouvrir ses portes. Alors le roi Henri III reviendra dans sa capitale.

— Et il me fera décapiter...

— Au contraire, il vous donnera la main.

— Mais je ne serai plus roi !

— Vous le serez bien moins encore, si vous épousez madame de Montpensier.

— La connaissez-vous? demanda le cardinal.

— Oui, monseigneur.

— On la dit fort belle.

— Elle est bossue, monseigneur.

— Fi! dit le cardinal.

— Et boiteuse, poursuivit la voix de Mauvepin.

— Mais alors?...

— Monseigneur, fit sévèrement la voix céleste, Dieu vous commande de m'obéir.

— A vous?

— Oui, du moins de suivre mes conseils...

— Eh bien! que faut il que je fasse?

— Répondre d'abord, dès demain matin, aux messagers du peuple de Paris, que vous acceptez le trône.

— Bon! et puis?

— Et partir avec eux pour Paris.

— Est-ce tout?

— Non, monseigneur.

Et pour bien prouver au cardinal qu'elle était un pur esprit, la voix quitta le parquet et s'alla loger dans la muraille.

— Que dois-je faire encore? demanda le cardinal.

— En route, demain matin, Votre Éminence rencontrera un jeune mendiant qui lui demandera la charité.

— Je lui donnerai ma bourse.

— Ce n'est point cela, monseigneur; Votre Éminence le prendra à son service.

— En quelle qualité?

— En qualité de valet de chambre.

— Mais pourquoi?

— Parce que ce mendiant est un saint homme que Dieu réserve à de grandes choses.

— Bienheureux Mauvepin, dit le cardinal, est-ce que votre esprit demeurera auprès de moi ?

— Souvent, monseigneur.

— Me parlera-t-il ?

— Il dictera à Votre Éminence les conseils d'en haut.

— Et une fois à Paris, que devrai-je faire ?

— Voilà ce que je ne sais point encore, répondit feu Mauvepin, et je retourne au ciel quérir de nouvelles instructions.

Et la voix s'éteignit.

— Bienheureux Mauvepin... appela le cardinal, un mot encore !

Mais nul ne répondit.

Le messager était sans doute remonté là-haut.

Cependant maître Paterne n'avait pas perdu un mot de la conversation du cardinal avec la voix céleste.

Quand il n'entendit plus cette voix, il pensa qu'il pouvait entrer chez le cardinal.

Mais en ce moment la draperie de velours qui recouvrait un des vantaux de la porte s'agita et laissa passer une main et un bras.

Cette main s'appuya sur l'épaule du sacristain.

En même temps un homme se dégagea des plis de la draperie.

Cet homme, qui était inconnu à Paterne, lui dit d'une voix railleuse :

— Ah ? vous écoutez donc aux portes, monsieur Paterne ?

Et comme le sacristain effrayé ouvrait la bouche

pour crier, l'inconnu lui mit un stylet italien sur la gorge et lui dit :

— Chut ! prenez garde ! vous pourriez vous blesser.

Les rares cheveux de Paterne se hérissèrent...

IV

Donc, l'homme qui avait mis son poignard sur la gorge à maître Paterne, le chapelain valet de chambre de S. Ém. monseigneur le cardinal de Bourbon, s'était dégagé des plis de la draperie !...

La mine effrayée de Paterne le fit sourire.

— Venez donc par ici, lui dit-il, car j'ai à causer longuement avec vous...

Paterne fit un signe qui voulait dire :

— Vous tenez ma vie en vos mains, donc je ferai tout ce que vous voudrez...

L'inconnu l'entraîna à l'autre bout de la salle et le poussa dans une embrasure de croisée.

Il avait toujours son terrible poignard à la main, et Paterne n'avait garde de manquer de docilité.

— Monsieur Paterne, répéta-t-il alors, vous écoutez donc aux portes ?

Paterne balbutia.

— Savez-vous que c'est un vil métier que celui d'espion ?

Paterne courba la tête.

— Vous avez écouté ce que le cardinal disait ?...

Paterne frissonna, car le terrible poignard brillait toujours dans les mains de l'inconnu.

— Et ce que l'esprit céleste lui répondait ?...

— J'en conviens, dit enfin Paterne d'une voix éteinte.

— Eh bien ! reprit l'inconnu, quelque démangeaison que j'aie de vous planter ma dague en plein cœur ou en pleine gorge, je veux bien causer avec vous.

Paterne s'inclina, grimaça un sourire et remercia à peu près comme un condamné remercierait le bourreau, si celui-ci voulait bien lui accorder quelques moments de répit.

— Mon bon monsieur Paterne, dit l'inconnu, vous êtes chapelain ?

— Oui, dit Paterne.

— Et depuis longtemps au service du cardinal ?

— Depuis vingt ans.

— Aussi il vous tient en affection ?

— Je le crois.

— Et vous avez quelque influence sur son esprit ?...

— Je l'espère.

— Eh bien ! puisque vous avez écouté sa conférence avec l'esprit céleste, qu'en pensez-vous ?

— Je pense, dit Paterne, que Sa Grandeur ferait bien d'accepter la couronne.

— Et d'épouser madame de Montpensier ?...

— Oh ! non !...

Et Paterne eut un geste d'effroi.

— Et pourquoi cela ?

— J'ai horreur des Guise...

— Ah !

— Et je voudrais la Ligue à tous les diables ; car selon moi, elle a causé tout le malheur de la religion.

— Monsieur Paterne, dit l'inconnu, vous parlez assez bien...

Paterne salua.

— Et je commence à croire que nous pourrons nous entendre.

Paterne, qui voyait toujours luire la sinistre lame du stylet, répondit sans hésitation :

— Et moi j'en suis sûr !

— Donc, vous haïssez la Ligue ?...

— Mortellement.

— Et vous aimez votre maître ?

— A l'adoration.

— Par conséquent, vous voulez son bien ?...

— Certes, oui !

— Et celui de sa race ?

— Ce mot imprudent éveilla la défiance de Paterne, qui perdit de vue le poignard et regarda celui qui le tenait.

— Qui êtes-vous donc ? fit-il.

— Afin de vous l'expliquer, il faut que je vous fasse une question.

— Voyons ? fit Paterne.

— Croyez-vous aux miracles ?

— Hélas ! soupira Paterne, il le faut bien, puisque je viens d'en voir un.

— Vous allez en voir un second, dit l'inconnu.

— Ah ! dit Paterne, qui tressaillit.

— Tel que vous me voyez, je suis mort.

— Vous !

— Je suis ce Mauvepin dont vous avez entendu l'âme, et à qui Dieu vient de rendre son corps.

Paterne recula tout frissonnant.

— C'est-à-dire, balbutia-t-il, que... vous ressuscitez... n'est-ce pas ?

— Momentanément.

— Et... dans quel but ?

— Dans le but de sauver le roi de France, répondit l'inconnu, qui n'était autre en effet que Mauvepin.

— Plaît-il? fit Paterne qui ne comprenait pas.

— Je vous dis que je ressuscite...

— Bien.

— Dans le but de sauver le roi...

— Mais... quel roi?

— Le roi de France, pardieu !

— Mais il y en a deux en ce moment...

— Voyons?

— Il y a le roi Henri troisième d'abord.

— Bon !

— Et le roi Charles X.

— Parfait !

— Eh bien ! pour lequel ressuscitez-vous?

— Pour le troisième, répondit froidement Mauvepin, qui regarda Paterne.

— Le... troisième... qui cela?... fit le chapelain éperdu.

— Monsieur Paterne, dit Mauvepin, je vais vous donner un conseil...

— J'écoute, dit le chapelain.

— Quand on tient à sa peau... Vous tenez à la vôtre, n'est-ce pas?

— Naturellement, monsieur.

— Et, de plus à son salut éternel...

— J'y tiens encore plus qu'à ma peau, dit Paterne avec bonhomie.

— Savez-vous ce qu'on fait?

— Non.

— On obéit.

— Mais... à qui?

— A moi !...

Mauvepin eut un regard fulgurant, un regard qui épouvanta Paterne et le fit reculer...

Mais comme il faisait deux pas dans la salle, une voix impérieuse, hautaine, terrible, partit du plafond et vint jusqu'à lui.

Cette voix disait :

— Obéis !

Or, comme Mauvepin était derrière lui et que la voix semblait venir à sa rencontre, Paterne ne douta pas un seul instant de l'intervention céleste, et il murmura avec une entière résignation :

— J'obéirai !

Alors Mauvepin le prit par le bras et lui dit :

— Venez avec moi, je vais vous donner mes petites instructions.

— Ainsi donc, dit Paterne tout tremblant, vous vous nommez Mauvepin ?

— Oui.

— Et vous êtes mort ?

— Je l'étais, je ne le suis plus, puisque me voilà ressuscité !

— Depuis longtemps ?

— Depuis un quart d'heure...

— Mais par où êtes-vous entré ?

— Par la porte du château.

— Et on ne vous a pas vu ?

— J'avais un surcot de mendiant... On m'a laissé pénétrer dans les cuisines.

— Ah !

— Et des cuisines, je me suis glissé jusqu'ici.

— Encore un mot, monsieur Mauvepin.

— J'écoute.

— Vous étiez bien mort ?

— Oui.

— Et vous voilà ressuscité?

— En chair et en os.

— Pourriez-vous mourir de nouveau?

Mauvepin fronça le sourcil.

— Non, dit-il ; mais celui qui tenterait de m'occire serait damné.

— Ce n'est pas moi qui l'essaierai... soyez tranquille !... murmura Paterne effrayé...

— Allons ! viens ! dit Mauvepin...

Et il l'entraîna hors de la salle et alla s'enfermer avec lui dans la chambre qui, depuis des siècles, au château de Vendôme, servait de logis au chapelain.

Le lendemain, au point du jour, S. Ém. monseigneur le cardinal de Bourbon s'éveilla fort guilleret.

— Il s'était endormi avec une couronne en perspective ; il avait rêvé toute la nuit de la cérémonie du sacre ; il s'éveillait avec l'intention bien formelle d'obéir à la voix céleste qui lui commandait d'accepter.

Donc le cardinal manda auprès de lui les ambassadeurs du peuple de Paris.

— Messeigneurs, leur dit-il, j'ai consulté le ciel cette nuit, et il m'a donné le conseil de devenir roi de France.

Les ambassadeurs poussèrent un cri de joie, et, une heure après, le nouveau roi se mit en route pour Paris.

V

Tandis que S. Em. le cardinal de Bourbon, reconnu roi par les Parisiens sous le nom de Charles X, entrait dans Paris, après une marche forcée de cinq jours, l'autre roi de France, l'ancien, c'est-à-dire S. M. Henri troisième du nom était à Saint-Cloud.

Le roi de France, qui se doutait peu, en ce moment, que les Parisiens eussent eu l'audace de le déposer était venu directement de Blois à Saint-Cloud.

Là, il s'était entouré d'une armée nombreuse et de tout ce qu'il restait de vaillants capitaines à son service. M. de Montmorency, le duc de Joyeuse, le duc de Rohan, tout jeune encore, et vingt autres, s'étaient réunis autour du roi, tandis que sa capitale lui fermait ses portes.

Il y avait trois jours qu'il était à Saint-Cloud; il y avait cinq ans qu'il en était parti, un matin, pour aller présider à la levée du corps et ensuite aux funérailles de monseigneur le duc d'Anjou, son dernier frère.

Peu de choses avaient changé autour du roi.

Les courtisans, à commencer par M. d'Épernon, continuaient à être en faveur; les hommes d'État, les sages conseillers, tels que M. de Harlay, étaient toujours tenus à distance.

Madame Catherine, retirée au château d'Amboise, n'avait point reparu à la cour depuis le jour où le roi avait retiré le pouvoir à Crillon et fait mettre madame de Montpensier en liberté.

L'homme au masque l'avait suivie dans sa retraite.

M. de Crillon vivait à Avignon, en compagnie de son écuyer Fangas.

Mauvepin avait disparu.

Le roi de Navarre était retourné à Pau et s'était donné la satisfaction de prendre d'assaut la ville de Cahors, qui était sienne, suivant conventions, puisqu'elle faisait partie de la dot de madame Marguerite de France.

Mais le roi s'était jusqu'alors fort bien passé de Crillon, surtout, qui l'eût certainement empêché de jouer la terrible tragédie de Blois.

Bien qu'il eût cinq ans de plus et quelques cheveux de moins, Henri III n'était ni plus maigre ni plus maladif qu'autrefois. Et même sa santé paraissait s'être améliorée.

Le médecin de son frère, le feu roi Charles IX, était demeuré son médecin ; c'était le vieux Miron, qui alors avait près de soixante-dix ans.

Miron avait fini par dire au roi :

— Votre Majesté, longtemps souffreteuse, est décidément fort bien constituée, et, si elle n'est frappée de mort violente, elle vivra longtemps.

— Mais encore, fit Henri III, irai-je à la soixantaine, mon bon Miron ?

— Facilement, avait répondu le médecin.

— Alors, riposta Henri III, c'est vingt-cinq ans de plaisirs qui me restent : après moi le déluge.

Et depuis la souriante prédiction de Miron, le front soucieux du roi s'était éclairé peu à peu, et à mesure que la Ligue devenait puissante et que le parti des rebelles grossissait, le monarque semblait retrouver quelque peu de son audace première et de ce froid courage qu'on avait admiré dans le jeune héros de Jarnac et de Moncontour.

12.

Or, un matin, le roi manda auprès de lui M. d'Épernon.

D'Épernon, depuis l'assassinat du duc de Guise, respirait plus à l'aise ; il faisait sonner ses éperons et parlait tout haut de châtier les Parisiens, ni plus ni moins que s'il s'était agi de donner le fouet à une demi-douzaine d'écoliers.

— Eh bien ! d'Épernon, lui dit le roi, as-tu des nouvelles de Paris?

— Oui, Sire.

— Voyons !

— Les Parisiens continuent à se retrancher.

— Bon !

— Madame la duchesse de Montpensier les commande... et tout le jour elle parcourt les rues à cheval.

Henri soupira.

— Ah ! j'aurais dû ne pas la lâcher, celle-là, dit-il. Je me suis débarrassé du duc Henri et du cardinal ; si je n'avais plus que le gros Mayenne je dormirais sur mes deux oreilles.

— Eh bien ! on fera le siége de Paris, mais il sera long... très-long !...

— Nous le brûlerons, dit le roi, et je m'irai bâtir une capitale en Lorraine, ce doux pays.

— Cela fait, dit d'Épernon, que la France aura deux capitales.

— Mais non, dit le roi.

— Mais si, insista d'Épernon.

— Mais puisque je brûlerai Paris...

— La chose n'est pas facile. Et puis, au besoin, l'*autre* le rebâtira.

— Quel *autre* ?

D'Épernon eut un sourire triste.

— Mon Dieu! dit-il, je ne sais, en vérité, comment dire cela à Votre Majesté.

— Parle...

— Eh bien! il y en a... *un autre*...

— Un autre quoi?

— Un autre roi, dit d'Épernon avec un soupir.

Henri III fit un bond sur son siége.

— Hein! dit-il... un autre roi!...

— Oui, Sire.

— Et de quel pays?

— De France.

Henri se prit à rire.

— Je vais mander Miron sur-le-champ, dit-il; car bien certainement tu déraisonnes.

— J'ai toute ma raison, Sire. Les Parisiens viennent d'élire un roi.

— Ah bah! fit dédaigneusement Henri de Valois : serait-ce le gros Mayenne?

— Non, Sire.

— Ou l'électeur palatin? continua Henri en riant.

— Non, Sire, répéta d'Épernon.

— Alors, je ne vois plus que messire de Rochibond, bourgeois de Paris.

— Ce n'est pas lui, Sire.

— Ou la duchesse elle-même, qui aura chaussé l'éperon et pris le nom de Satan premier?

— Votre Majesté brûle, mais elle n'y est pas cependant.

— Que veux-tu dire?

— Le roi élu est un prince.

— Lorrain?

— Non, français.

— Il n'y en a plus, dit Henri.

— Votre Majesté se trompe, il y a la maison de Condé et celle de Bourbon.

— Ah! par la mort-dieu! s'écria Henri III, tu me la bailles belle, mon fils! Les Parisiens sont ligueurs, n'est-ce pas?

— Enragés, Sire.

— Ils aiment le catholicisme?

— Avec frénésie.

— Eh bien! comme Condé et Bourbon sont huguenots, je suis tranquille, le peuple de Paris ne saurait les convier à le gouverner.

— Mais il y a un Bourbon qui n'est pas huguenot, dit froidement d'Épernon.

— Ah! c'est juste, fit le roi, il y a le vieux cardinal.

— Vous l'avez nommé, Sire.

— Raison de plus pour que je persiste à te croire fou, mon fils!

— Comment cela, Sire?

— D'abord le cardinal a plus de soixante ans. C'est un bonhomme...

— Il est très-vert et très-conservé, Sire.

— Ensuite, il est cardinal.

— Ah! ceci n'est pas un obstacle.

— Tu crois!

— La preuve en est que le peuple vient de l'acclamer.

— Lui?

— Oui, Sire.

— Ils l'ont nommé roi?

— Le roi Charles X, Sire, et le légat du Pape, le même qui a excommunié Votre Majesté...

— Tais-toi, d'Épernon! fit Henri III avec terreur.

— Le légat, poursuivit d'Épernon, doit le sacrer roi, demain dimanche.

— Où cela? à Reims?

— Non à Paris.

Le roi eut un éclair de colère dans les yeux.

— Vive Dieu! dit-il cela ne sera pas.

— Il est bien difficile de l'empêcher, Sire.

— Comment cela?

— Les portes de Paris sont épaisses.

— Je les briserai!

— Et puis, une fois les portes brisées, on pénétrera dans la ville.

— Oui certes... et je passerai tous les habitants au fil de l'épée.

— La chose n'est pas aisée, Sire.

— Tu crois?

— Les Parisiens sont de force à tenir deux ans.

— Ah! soupira Henri III, que n'ai-je mon brave Crillon? Mais il m'a quitté... il ne veut plus manger mon pain.

— C'est qu'il l'aura trouvé trop dur, observa méchamment d'Épernon.

— Monsieur d'Épernon, vous êtes un sot, dit une voix sur le seuil. Le pain du roi n'est jamais dur.

Et un homme entra.

Cet homme était Crillon.

Crillon, qui revenait mettre son épée aux pieds du roi de France.

— Sire, dit-il, quand le roi n'a plus besoin de moi, je n'ai que faire à la cour, en compagnie de beaux fils et de muguets comme M. d'Épernon; mais quand mes services peuvent être utiles, on est toujours certain de me voir revenir.

— Merci! mon bon Crillon, dit le roi en lui tendant la main.

VI

Henri III était si peu gâté par la fortune depuis nombre d'années, qu'il regarda l'arrivée de Crillon comme une chance heureuse et un coup du sort.

— Vraiment, mon vieil ami, dit-il en laissant le vieux capitaine lui baiser la main, vous me revenez?

— Oui, Sire.

— Ah! c'est que justement j'ai bien besoin de vous.

— Sire, dit Crillon, je crois que Votre Majesté a toujours eu besoin de moi.

— En vérité? dit le roi.

— C'est comme j'ai l'honneur de le dire à Votre Majesté, fit simplement le grand capitaine.

— C'est possible, au fait, dit le roi avec une certaine humilité.

— Seulement, ajouta Crillon, il est arrivé souvent que Votre Majesté redoutait mes conseils à l'égal de la peste.

— Oh! fit le roi.

— Alors, poursuivit Crillon, je m'en suis allé. C'était ce qu'il y avait de mieux à faire.

— Mais, mon bon Crillon, dit le roi, il y a bien longtemps de cela, il me semble.

— Cinq ans, Sire.

— Et, pendant ces années, il s'est passé bien des choses.

— Oui, Sire.

— D'abord, je me suis débarrassé du Guise et de son frère.

— Sire, dit sévèrement Crillon, Votre Majesté devrait bien ne me point parler de cette aventure.

— Et pourquoi cela, mon bon Crillon?

— Parce que je dirais là-dessus ma manière de voir, et que c'est... inutile!

— Et pourquoi donc?

— D'abord parce que le duc est mort, et qu'il n'y a plus à y revenir.

— Et pourquoi donc?

— Et puis?

— Et puis parce que j'ai désapprouvé fort cette action de Votre Majesté.

— Bah! fit le roi étonné. Mais tu l'as voulu faire décapiter toi-même?

— Oui, Sire.

— Eh bien! alors... ce me semble...

— Mais ce jour-là, Sire, le peuple grondait aux portes du Louvre, et nous étions dans le cas de légitime défense; tandis que, à Blois...

Crillon s'arrêta.

— Achevez, dit le roi. Je suis décidé à écouter la vérité de votre bouche, monsieur de Crillon.

— Eh bien! Sire, murmura Crillon en baissant les yeux et d'une voix sourde, la mort des princes lorrains est un assassinat qui, peut-être, entachera votre règne.

Le roi fronça le sourcil, mais il ne souffla mot.

Crillon ajouta :

— Et certes, cela n'aura pas servi à grand'chose : car la maison de Lorraine tient toujours Votre Majesté en échec.

— Oh! je la réduirai! j'écraserai Mayenne en bataille rangée!

— Je vous aiderai, Sire.

— Et quant à la duchesse...

— Ah! Sire, dit Crillon, celle-là me cause plus d'épouvante que toutes les armées du monde. Votre Majesté a eu la partie dans les mains une fois, mais il est peu probable que l'occasion s'en représente.

Henri se mordit les lèvres, puis rompant brusquement les chiens; — Il faut donner l'assaut à Paris, dit-il; qu'en pensez-vous, chevalier?

— Je pense, Sire, que la chose mérite réflexion.

— Eh bien! réfléchissons.

— Non, pas moi, Sire; je ne suis pas un politique, et M. d'Épernon que voilà n'est guère un soldat. Si sa politique décide l'assaut, j'y marcherai, mais...

— Mais quoi? fit Henri.

— Cela me semble grave.

— Il faut pourtant que je rentre dans ma capitale et que j'en chasse l'usurpateur.

Un sourire vint aux lèvres de Crillon.

— Sire, dit-il, Votre Majesté a bien vilain jeu depuis longtemps... d'autant que, par distraction sans doute, elle a écarté ses atouts.

— Que veux-tu dire?

— Heureusement il lui en est rentré un.

— C'est toi.

— Non, Sire. Alors, si vous me comptez pour un atout, je dirai que Votre Majesté en a deux maintenant.

— Et quel est cet atout.

— C'est le cardinal Charles de Bourbon, qui veut bien accepter la couronne des mains du peuple parisien.

— Et tu appelles cela un atout?

— Oui, Sire.

Le roi ouvrit de grands yeux ébahis.

— Sire, reprit Crillon, oserai-je demander à Votre

Majesté des nouvelles de madame Catherine la reine-mère?

— Ma mère est à Amboise et n'en bouge.

— Si j'osais donner un conseil à Votre Majesté...

— Parle.

— Ce serai de rappeler la reine-mère auprès d'elle.

— Mais je ne l'ai point exilée.

— Ah!

— Et si madame Catherine m'a abandonné...

— C'est que sans doute, dit Crillon, Votre Majesté croyait n'avoir nul besoin de ses conseils.

Le roi soupira.

— Madame Catherine est de meilleur conseil que moi, Sire, mais je gage qu'elle serait de mon avis.

— Comment cela?

— Elle dirait à Votre Majesté d'ajourner le siége de Paris.

— Tu crois?

— J'en suis certain.

— Mais dans quel but?

— Sire, dit Crillon, je vais faire appel aux souvenirs du roi.

— Voyons?

— Le roi se souvient-il de Mauvepin?

— Pauvre Mauvepin! dit Henri, il avait de l'esprit et il m'amusait. En outre, il eût fait un excellent politique.

— Je le crois, Sire, et lui, bien mieux que moi, vous eût expliqué l'avantage qu'il y aurait pour Votre Majesté à laisser les Parisiens en délire se donner la satisfaction d'avoir un roi provisoire.

— Comment, *provisoire?* fit Henri III, à qui le mot paru singulier.

— Dame! murmura Crillon, Mauvepin expliquerait tout cela.

— Mais nous n'avons pas Mauvepin... Mauvepin m'a quitté... c'est un ingrat.

— Qui sait! fit Crillon, Votre Majesté le verrait peut-être revenir, si...

— Si...? fit le roi, voyant que Crillon hésitait.

— Si elle le devait bien accueillir.

— Oh! certainement.

— Vrai? fit Crillon.

— Foi de roi!

— Merci! Sire, dit une voix au seuil de la porte.

Et Mauvepin entra sans façon dans la salle.

— Comment! c'est toi? dit Henri charmé.

— Oui, Sire.

— D'où viens-tu?

— De Gascogne. Je suis même chargé de plusieurs messages pour Votre Majesté.

— De ma sœur Margot, sans doute?

— D'abord.

— De mon cousin de Navarre?

— Ensuite; mais j'en en ai un troisième.

— Et de qui donc, celui-là?

— De madame Catherine, la reine-mère.

— Tu l'as vue?

— J'ai passé par Amboise.

Comme le roi n'invitait point Mauvepin à s'asseoir, Mauvepin s'assit, au grand scandale de M. d'Épernon, qui était un homme d'étiquette.

— Votre Majesté m'excusera, dit-il; mais j'ai chevauché huit jours et six nuits, et je suis affreusement las.

— Veux-tu déjeuner avec moi, Mauvepin? dit le roi, que la vue de son ancien fou rendait tout joyeux.

— Je le veux bien, Sire, mais... à une condition.

— Oh! oh! fit le roi, tu me fais des conditions maintenant?

— J'ai pris l'habitude d'avoir mon franc-parler, Sire, à la cour du roi de Navarre.

— Peuh! fit le roi, mon cousin Henri est un roitelet, cela se comprend... Mais, peu importe! pose tes conditions, je verrai.

— Je voudrais que Votre Majesté invitât M. de Crillon.

— Soit, dit le roi. Et puis?

— Et qu'elle n'invitât point M. d'Épernon.

— Monsieur! fit le duc qui se crut offensé.

— Mon cher duc, dit Mauvepin d'un ton dégagé, je n'ai nulle intention de vous déplaire; seulement M. de Crillon et moi nous avons un message secret pour le roi et ne pouvons parler devant vous.

— Sors, mon pauvre d'Épernon, dit le roi. Je t'inviterai à souper, ce sera une compensation.

D'Épernon sortit en murmurant, et le roi demanda à déjeuner. Quand il fut à table, ayant Crillon à sa droite et Mauvepin à sa gauche, celui-ci lui dit:

— Sire, Mgr le cardinal de Bourbon vient d'être acclamé par les bourgeois et le peuple de Paris.

— Je sais cela, dit Henri III.

— Mais il est une chose que vous ne savez peut-être pas, Sire.

— Quoi donc?

— C'est que le cardinal a commencé par refuser la couronne...

— Ah!

— Et ce n'est que sur l'avis d'un de vos amis qu'il a consenti à devenir roi.

— Et quel est ce singulier ami? demanda Henri III.

Mauvepin se versa un grand verre de jurançon, le vida et dit : — C'est moi!

Le roi ne put retenir un geste de surprise.

— Dame! fit Mauvepin d'un ton railleur, la duchesse de Montpensier cherche un mari, les Parisiens cherchaient un roi; j'ai fait d'une pierre deux coups.

— Mauvepin, dit le roi, je n'aime pas les énigmes.

— Eh bien! Sire, veuillez me passer une tranche de ce pâté de venaison qui flaire comme baume, et je m'expliquerai.

VII

— Sire, dit Mauvepin, je disais donc à Votre Majesté que j'ai fait d'une pierre deux coups.

— Comment cela, mon mignon?

— Les Parisiens voulaient un roi et madame de Montpensier voulait un mari, je les ai servis à souhait.

— Et c'est ce que tu appelles être mon ami?

— Oui, Sire.

— Ventre-de-biche! je serais curieux de voir comment, Mauvepin, mon mignon.

— Je prie Votre Majesté de suivre attentivement mes paroles.

— Voyons.

— C'est madame de Montpensier qui a mis en tête aux Parisiens de déposer Votre Majesté et de se choisir un autre roi.

— Ah! c'est elle! fit Henri III en fronçant le sourcil.

— Naturellement; et ce que madame de Montpensier

veut, les Parisiens le veulent. Si madame Louise de Vaudemont, reine de France, venait à trépasser demain et que se trouvant veuve, Votre Majesté voulût offrir sa main à madame de Montpensier...

— Quelle horreur! murmura Henri III, qui avait une peur instinctive de la duchesse.

— C'est une supposition, Sire.

— Après?

— Les Parisiens déposeraient le cardinal de Bourbon et viendraient hublement baiser les pieds de Votre Majesté.

— En vérité!

— C'est comme j'ai l'honneur de le dire à Votre Majesté. Or donc, madame de Montpensier veut un mari.

— Pour le faire roi?

— Et devenir reine, Sire.

— Je comprends.

— Si elle n'avait trouvé le cardinal, elle aurait épousé le premier prince venu, voir l'électeur palatin ou un archiduc.

— Oh! oh!

— Et comme les Parisiens font tout ce qu'elle veut, ils l'auraient placé sur le trône de France aussi facilement que je viens de vider cette bouteille de jurançon; d'autant mieux, acheva Mauvepin, que l'électeur palatin ou l'archiduc serait entré dans Paris avec une belle armée.

— Ceci est fort bien raisonné, murmura Henri III.

— Attendez encore, Sire : si ni l'électeur ni l'archiduc n'avait par hasard voulu de la main de la duchesse, elle eût trouvé un simple gentilhomme que, pour l'amour d'elle, les Parisiens eussent élevé sur le pavois.

— Ah! bah! fit le roi.

— Le comte de Crèvecœur, par exemple!

Le roi se souvint de ce beau jeune homme qui, cinq années auparavant, lui avait parlé un langage si fier et si hardi.

— Ah! certes, dit-il, je le connais celui-là.

— Et celui-là, Sire, dit Mauvepin, aurait donné, je le jure, quelques soucis à Votre Majesté.

— Mais enfin, dit Henri III, madame de Montpensier n'a point encore épousé le cardinal?

— Non certes!...

— Mais elle y compte?

— Oui, aussitôt que le pape aura relevé Son Éminence de ses vœux ecclésiastiques.

— Sera-ce long?

— Il faut un grand mois, dit-il, et dans un mois Paris sera à nous.

— Je l'espère bien, fit le roi, n'est-ce pas, Crillon?

— Mais, dit le bon chevalier, qui jusque-là avait gardé le silence, laissant la parole à Mauvepin, je ne sache pas, Sire, qu'une place ait tenu devant moi plus d'un mois jusqu'à présent.

— Ainsi, reprit Henri III, c'est toi qui as proposé le mariage?

— Pas précisément, Sire; mais c'est moi qui ai conseillé au cardinal d'accepter.

— Et le cardinal a suivi ton inspiration?

— La mienne, non, mais celle du ciel.

Puis, regardant le roi avec son fin sourire, Mauvepin dit encore :

— Votre Majesté a-t-elle donc oublié la nuit où j'étais mort?

— Ah! drôle! fit Henri III, tu t'es moqué de moi ce jour-là.

— C'était dans l'intérêt de Votre Majesté.

— Soit! mais...

— Et je me moque bien autrement de Mgr le cardinal de Bourbon, allez! Sur ces mots, Mauvepin raconta au roi comment, caché dans les plis d'une portière, il avait joué, au château de Vendôme, le rôle d'une voix céleste, comment ensuite, admis parmi les gens du cardinal, il avait continué ce rôle durant le voyage du nouveau roi de Vendôme à Paris ; puis il conclut ainsi :

— Par conséquent, Sire, le cardinal ne fait que ce que la Providence lui ordonne.

— Ah! vraiment!

— Il gouvernera Paris comme la Providence voudra.

— Et la Providence?

— C'est moi, pardieu!

— Bon!

— Et ce que j'ordonnerai, c'est Votre Majesté qui l'aura voulu.

— J'entends bien, dit le roi... Mais madame de Montpensier s'accommodera-t-elle de cette intervention céleste?

— Oui, Sire.

— Tu crois?

— J'en ferai l'expérience, et j'espère qu'elle me réussira.

— En attendant, dit le roi, je crois que je ferai bien de prendre mes mesures pour rentrer dans Paris.

— Votre Majesté fera bien d'attendre le retour de la reine-mère.

— Qu'elle revienne donc! fit le roi.

— Et l'arrivée du roi de Navarre.

— Hé! que veux-tu que je fasse de ce huguenot, Mauvepin?

— Sire, dit gravement le jeune homme, à cette heure, l'héritier direct de Votre Majesté est le roi de Navarre.

— Eh bien! fit le roi avec humeur, il attendra longtemps mon héritage.

— Il ne songe point à y mettre la main, Sire, du vivant de Votre Majesté, mais à le défendre, et à cette heure, dit gravement Mauvepin, le roi de Navarre est devenu le bras droit de la monarchie.

— Mais il est huguenot!

— Qu'importe!

Et les gens de la Ligue...?

— Les gens de la Ligue sont des rebelles, dit Mauvepin, et les huguenots sont de fidèles sujets.

— Mais le Pape... que dira-t-il?

— Le Pape a excommunié Votre Majesté, Sire.

Le roi tressaillit et poussa un cri plein de douleur.

— Par conséquent, reprit Mauvepin, Votre Majesté ne craint plus les foudres de l'Église.

— Hélas! non, puisqu'elles se sont appesanties sur moi.

— Eh bien! le Pape lèvera l'excommunication quelque jour, Sire.

— Et quand cela?

— Lorsque Votre Majesté rentrera dans Paris, à la tête d'une armée victorieuse, ayant le roi de Navarre à ses côtés.

Et Mauvepin se leva sur ces mots, et plia sa serviette disant:

— On déjeune fort bien chez Votre Majesté. J'aurai l'honneur de revenir.

— Tu t'en vas!

— Oui, Sire.

— Où cela!

— Je vais à Paris.

— Auprès du cardinal !

— Naturellement. Ne faut-il pas que je joue mon rôle?

— Mais alors faut-il que je te donne des instructions? C'est inutile.

— Plaît-il, mons Mauvepin? fit le roi.

— J'ai mes instructions, d'ailleurs, Sire.

— Et de qui donc?

— De madame la reine-mère. J'ai déjà dit à Votre Majesté que je l'avais vue à Amboise.

Henri III ne souffla mot. Il était devenu patient et se résignait à voir madame Catherine reprendre, au premier jour, la direction des affaires.

— Va ! dit-il. Quand reviendras-tu ?

— Demain. Adieu ! Sire.

Et Mauvepin quitta Saint-Cloud.

Le roi, qui s'était mis à la fenêtre, le vit monter sur un petit bidet qui trottait l'amble et se perdre bientôt dans un tourbillon de poussière.

Mauvepin traversa la forêt de Boulogne, le village de Chaillot, et se présenta à la porte Saint-Honoré, laquelle, comme toutes les portes de Paris, était fermée, tendue de chaînes et gardée par les bourgeois.

Mais Mauvepin passa. Il n'eut besoin, pour cela, que de montrer un bout de papier signé *Paterne*.

L'ex-chapelain valet de chambre était devenu une manière de premier ministre, comme on le verra plus tard.

Une fois dans Paris, Mauvepin prit le chemin du quartier Saint-Antoine.

Puis il entra dans la rue Culture-Sainte-Catherine.

Puis encore il grimpa l'escalier de la maison voisine

de celle du sire de Rochibond, celle où avait eu lieu cette belle bagarre qu'on sait entre Crillon et les gardes du roi d'une part, et les bourgeois de Paris de l'autre.

Et il frappa à la porte de Périne, laquelle Périne, bien qu'elle eût cinq années de plus, était toujours une fort jolie fille. Et Périne, ayant ouvert, sauta au cou de Mauvepin.

VIII

Périne occupait toujours sa chambrette, et, bien que Périne eût vécu autrefois dans le pays latin, qui n'était pas précisément une école de constance, elle aimait toujours Mauvepin. Mauvepin le grêlé, le bossu, — mais le spirituel et le brave.

Pourtant, il ne s'était montré avec elle ni magnifique ni empressé, ni constant.

Il avait souvent quitté Paris durant des mois entiers laissant une maigre bourse sur la table de l'escholière, et pendant ses longues absences, rarement il lui avait donné de ses nouvelles. Néanmoins Périne l'aimait.

Ce jour-là, quand Mauvepin parut, revenant de Saint Cloud, où il avait déjeuné avec le roi, Périne lui jeta ses deux bras autour du cou et lui dit :

— Ah ! vous m'aviez bien dit, ce matin, que vous reviendriez, mais je n'osais y croire.

— Et pourquoi cela, ma mie ?

— Parce que, bien souvent, vous m'avez dit la même chose.

— Et je ne suis pas revenu ?

— Hélas ! non.

Mauvepin s'assit sur le pied du lit de Périne, déboucla son ceinturon, jeta son chapeau dans un coin et répondit gravement :

— C'est que, ma petite, tu ne comprends rien aux choses de la politique.

— Moi ?

— Oui, toi.

— Je ne comprends qu'une chose, dit Périne, qui fit une jolie moue, c'est que vous me laissez toujours seule.

— Dis donc, petite, fit Mauvepin, est-ce que tu ne t'ennuies pas dans ce vilain quartier ?

— Je m'ennuie partout où vous n'êtes pas, et nulle part quand vous êtes avec moi.

— C'est charmant ! mais ce n'est pas répondre. Tiens-tu beaucoup à habiter cette maison ?

— Cela dépend...

— Si je te donnais une jolie chambrette ailleurs, avec de beaux escabeaux, un bahut à fermoirs de cuivre... un miroir d'acier grand comme cette porte que voilà...

— Vous vous moquez de moi, chéri.

— Et une belle armoire remplie de linge, de robes de drap et de soie, de rubans et de dentelles...

Mauvepin s'était toujours montré si peu magnifique avec Périne, que l'escholière lui rit au nez.

— Vous avez donc trouvé un talisman ? fit-elle.

— A peu près...

— Et avec ce talisman... vous vous êtes procuré de l'or, peut-être ! continua-t-elle d'un ton moqueur.

— Non, mais j'ai le moyen de te donner tout ce que je dis.

— Et comment ?

— As-tu vu quelquefois passer la duchesse de Montpensier....?

— La reine des barricades, la vraie maîtresse de Paris ?

— Oui.

— Si je l'ai vue ! dit Périne. La preuve en est que j'ai tremblé bien souvent.

— Pourquoi ?

— Mais à cause de vous, malheureux...!

— Eh bien ! dit Mauvepin, j'ai envie de te faire entrer comme camérière au service de madame de Montpensier.

— Mais vous êtes fou !

— Nullement. Alors tu comprends, n'est-ce pas ? la chambrette, les beaux meubles, les robes de velours, les rubans... que sais-je ?

— Mais, dit Périne qui avait une jolie dose de bon sens, pour entrer au service de madame de Montpensier, qui est une princesse presque reine, il faut bien des choses.

— Bah ! voyons ?

— D'abord un crédit que je n'ai pas, et que vous êtes loin d'avoir.

— C'est ce qui te trompe, Périnette.

— Ensuite, il faut être fille de noblesse, et je ne suis qu'une pauvre enfant trouvée au coin d'une borne dans le pays latin.

— Bah ! dit Mauvepin, ce n'est pas pour te flatter, mais tu as des mains de duchesse.

— Bon ! qu'est-ce que cela fait !

— Et le minois, la tournure, l'élégance d'une femme de qualité.

— Tout cela ne fait pas une fille de noblesse.

— Eh bien ! je t'ai trouvé des aïeux.

— A moi ?

— Mais, oui... écoute : tu t'appelles demoiselle Périne Isabeau de Chamberville.

Périne éclata de rire.

— Mais vous déraisonnez, Mauvepin !

— Ton père est mort au service du duc François de Lorraine, et la duchesse de Montpensier a promis à ta tante, l'abbesse du chapitre d'Aigremont, en Lorraine, de te prendre à son service, attendu que tu es orpheline et sans patrimoine.

Périne ouvrait de grands yeux et commençait à se demander si Mauvepin n'avait pas le cerveau dérangé.

Mais Mauvepin était grave et parlait en homme qui est sûr de ce qu'il avance.

— Mauvepin, dit l'escholière, je n'ai point l'art de deviner les énigmes. Si vous ne vous expliquez pas, je ne comprendrai jamais.

— Je m'expliquerai, répondit Mauvepin, mais pas encore, petite.

— Et pourquoi !

— Parce que, auparavant, je veux savoir si nous pouvons nous entendre.

— Comment cela !

— Supposons, reprit Mauvepin, que tu sois réellement mademoiselle de Chamberville, nièce de l'abbesse d'Aigremont, et camérière de madame la duchesse de Montpensier.

— Eh bien ?

— Isabeau de Chamberville oubliera-t-elle Mauvepin que Périne aimait?

— Oh non! fit la jeune fille qui prit tendrement dans ses mains la tête de Mauvepin et mit un baiser sur son front.

— Très-bien, dit froidement Mauvepin. Madame de Montpensier a ses raisons pour n'être pas à cheval sur la morale, comme on pourrait le croire, continua Mauvepin.

— Ah! dit Périne.

— Elle comprend très-bien que les jeunes gens ne sauraient êtres sages comme des vieillards, et elle ne trouve point mauvais qu'une camériste ait une amourette.

— Vous croyez?

— Oh! j'en suis certain. Or, suis bien mon raisonnement, ma petite.

— J'écoute.

— Je viens ici rarement; sais-tu pourquoi?

— Non.

— Parce que j'ai affaire au Louvre.

— Eh bien?

— Quand tu seras au Louvre toi-même, nous nous verrons tous les jours.

— Vrai! exclama Périne, bien vrai? Mais madame de Montpensier ne loge pas au Louvre.

— Elle y sera demain. A présent encore une question: pourrai-je compter sur toi? Seras-tu discrète, dévouée?

— Vous savez bien que l'on vous aime, ingrat! dit Périne, et que vous êtes ma seule affection. Maintenant, ajouta-t-elle, je devine bien une chose.

— Laquelle?

— C'est que vous voulez faire de moi un espion!

— Fi ! le vilain mot...

— Mais allez, dit Périne, risquer sa vie pour vous, c'est mieux que vivre... c'est le bonheur... Je ferai ce que vous voudrez...

— Chère Périne ! dit Mauvepin, qui crut convenable de la serrer tendrement sur son cœur.

— Seulement, je suis curieuse de savoir comment vous allez faire de moi la demoiselle de Chamberville.

— J'avoue, répliqua Mauvepin, que la chose m'eût été difficile, à moi tout seul. Mais le hasard m'est venu en aide.

— Le hasard ?

— Oui. Figure-toi que ce matin, en te quittant pour m'en aller voir mon pauvre roi à Saint-Cloud, il m'est advenu une aventure.

Périne se prit à écouter attentivement.

— Comme je traversai le village de Chaillot, — il était à peine jour alors, — je trouvai une jeune fille qui pleurait, assise sur un pan de mur écroulé, au beau milieu de la rue. Une jeune fille qui pleure, ça vous émeut toujours un peu, surtout quand elle est jolie.....

— Ah ! fit Périne, qui fronça le sourcil, elle était jolie !...

— Adorable ! mais écoute donc, vilaine jalouse ! continua Mauvepin. Je m'approchai d'elle et je m'enquis de la cause de son chagrin.

« — Mon gentilhomme, me répondit-elle, je suis une pauvre orpheline qui voyageais avec un vieil écuyer. Nous sommes arrivés hier au soir aux portes de Paris, et comme elles étaient fermées, nous avons été obligés de venir coucher dans ce village, où mon écuyer avait une parente qui nous a donné l'hospitalité.

» — Mais, mademoiselle, lui dis-je, jusque-là, je ne vois rien de bien désolant.

» — Oh! vous allez voir, monsieur, me dit-elle. Ce matin nous nous sommes remis en route pour aller à Paris; mais comme nous passions dans cette rue, nous avons fait rencontre de gens armés qui se sont pris à me regarder et à me parler grossièrement. Mon écuyer porte la croix de Lorraine sur sa cuirasse; les gens armés sont des soldats du roi. Ils l'ont attaqué, renversé de son cheval et ils l'ont emmené. »

— Là-dessus, poursuivit Mauvepin, elle me raconta qu'elle se nommait mademoiselle de Chamberville, qu'elle venait de Lorraine pour entrer au service de madame de Montpensier, pour qui elle avait une lettre de sa tante, l'abbesse d'Aigremont, mais cette lettre était ainsi que quelques pistoles et quelques hardes, dans un sac de peau que le vieil écuyer portait en bandoulière.

Les gens du roi avaient emmené les deux chevaux et l'écuyer, de sorte que la pauvre enfant se trouvait sans argent et n'avait plus cette lettre qui lui devait frayer un passage jusqu'à madame de Montpensier.

— Eh bien! qu'avez-vous fait alors? demanda Périne.

— Tu vas voir... Je pris un air compatissant, et je dis à la jeune fille : « Il est fort heureux, mademoiselle, que la Providence m'ait placé sur votre chemin. Si les gens qui ont emmené votre écuyer sont véritablement des gens du roi, ils ne lui feront aucun mal.

» — Vous croyez?

» — Et ils l'auront conduit à Saint-Cloud, où je vais.

» — Auriez-vous donc le crédit de le faire mettre en liberté? demanda-t-elle.

» — Certainement. Je suis un des officiers du roi.

» — Eh bien! si j'allais avec vous?...

» — Oh! non, il y a loin d'ici à Saint-Cloud. Mais je vais vous conduire au couvent de Chaillot, où vous m'attendrez. » Là-dessus, je la conduisis au couvent et je pris l'abbesse en particulier, lui disant : Madame, vous êtes devouée au roi, je le sais. Eh bien! il y va d'un très-grand intérêt pour le roi que vous gardiez cette jeune fille prisonnière ici, et qu'elle ne puisse sortir de votre couvent sous aucun prétexte. L'abbesse me jura sur l'Évangile, ajouta Mauvepin, qu'elle ferait bonne garde, et je m'en allai à Saint-Cloud.

— Mais le vieil écuyer?...

— C'étaient des Suisses qui l'avaient emmené.

— Sans lui faire aucun mal?

— Aucun. Je le fis mettre en prison et on lui ôta son sac de peau.

— Qu'est-il devenu?

— Je l'ai laissé à Saint-Cloud, mais j'ai gardé la lettre de l'abbesse d'Aigremont.

— Et cette lettre?

— La voici.

Et Mauvepin tira la lettre de sa poche, puis il la tendit à Périne.

— Que faut-il que j'en fasse?

— Ma petite, dit Mauvepin, écoute-moi bien ; voici dix pistoles...

Et il posa dix pistoles toutes neuves sur la table.

— Après? fit Périne.

— Tu vas t'en aller dans le quartier des fripiers et tu achèteras des vêtements convenables pour une fille de noblesse qui voyage.

— Très-bien.

— Quand tu seras bien attifée, tu t'en iras au Louvre.

— Mais la duchesse y est donc déjà?

— Pas encore : aussi n'est-ce pas à elle que tu demanderas à parler.

— A qui donc?

— A messire l'abbé Paterne, chapelain du roi.

— De quel roi?

— C'est juste, il y en a deux. Eh bien! du roi Charles X.

— Et il me conduira à la duchesse?

— Oui, il sera prévenu.

— Par qui?

— Par moi.

— Mais cette pauvre fille dont je prends le nom?

— Elle restera au couvent.

— Et l'écuyer?

— Il est fort bien traité à Saint-Cloud.

— Mais, objecta Périne, on saura la vérité tôt ou tard.

— Oui, mais, quand on la saura, je n'aurai plus besoin de m'enquérir de ce que fait madame la duchesse de Montpensier.

— Pourquoi?

— Parce qu'elle sera logée au donjon de Vincennes.

Périne tressaillit.

— Ça! dit Mauvepin, à ce soir, ma petite. Il faut que je m'en aille.

— Où donc?

— Au Louvre.

— Mais on ne vous y connaît pas?

— Je suis un des écuyers du nouveau roi, ajouta Mauvepin en souriant.

Puis il mit un baiser au front de Périne et il s'en alla.

Quand il fut hors de la maison, il gagna le faubourg Saint-Antoine et murmura:

— Le roi de Navarre sera ici dans huit jours, et dans quinze, je l'espère bien, le roi Henri III couchera au Louvre.

Messire Paterne était en son logis.

Le logis du chapelain de Mgr le cardinal Charles de Bourbon se trouvait situé au Louvre depuis bientôt quarante huit heures.

Ce rêve que l'honnête chapelain avait osé faire un soir au château de Vendôme, — il s'était réalisé comme par enchantement.

Mgr le cardinal de Bourbon était roi! roi de France, acclamé par le peuple de Paris, prêt à être relevé par le pape de ses vœux ecclésiastiques, et à épouser Anne de Lorraine, princesse de Guise et duchesse de Montpensier !

Certes, le bon Paterne devait être content; tout s'était merveilleusement passé. Le nouveau roi était entré dans Paris, le soir, à la lueur des torches. Le peuple avait crié vivat !

Les bourgeois agenouillés lui avaient présenté les clefs de la ville sur un coussin de brocard. L'évêque de Paris, venu à sa rencontre, lui avait dit en latin qu'il était le fils aîné de l'Église et le bras droit de la religion. Enfin le légat du pape, accouru à Paris pour le recevoir, s'était exprimé ainsi :

— Sa Sainteté, l'héritier du trône de Saint-Pierre, vous dégagera, monseigneur, de vos vœux religieux, à la seule fin que le roi Charles, dixième du nom, devenu roi de France, puisse prendre femme et s'assurer une dynastie.

Le Louvre, qui depuis le départ précipité du roi Henri III, était tombé au pouvoir des bourgeois, le Louvre, disons-nous, avait été restauré et embelli.

Le cardinal de Bourbon l'avait trouvé prêt à le recevoir.

Puis, une fois qu'il s'y était vu installé, le nouveau roi avait reçu une visite. La visite de madame la duchesse de Montpensier. La duchesse était vêtue de noir des pieds à la tête. Elle portait le deuil de ses frères, le grand duc de Guise et le cardinal de Lorraine.

— Sire, avait-elle dit au cardinal, je remets en vos mains ce pouvoir que j'ai tenu un instant. Vous savez quel usage vous en devez faire pour le bien du royaume et le salut de la religion. Puis elle s'était retiré humblement comme un monarque qui vient d'abdiquer.

Le cardinal eût bien voulu lui répondre, mais d'abord il avait été ébloui par la beauté de la duchesse, qui semblait toujours avoir vingt ans, bien qu'elle approchât de trente-quatre; ensuite il attendait les ordres du ciel muet depuis quatre jours. La voix céleste se taisait.

Cependant, en quittant le château de Vendôme, Mgr Charles de Bourbon avait bien rencontré sur sa route, ainsi que le lui avait annoncé la voix céleste, un jeune mendiant qui lui avait demandé la charité. Le cardinal, pour obéir aux ordres du ciel, avait pris le mendiant à son service. Décrassé, lavé, habillé, le mendiant s'était trouvé un homme de bonne mine, et il était entré dans Paris avec une belle casaque d'officier du duc de Bourbon.

Néanmoins, le roi Charles X, depuis qu'il était au Louvre attendait impatiemment les commandements du ciel et ces commandements n'arrivaient pas. Deux fois seulement, comme il s'éveillait, la voix céleste s'était fait entendre. La voix disait : — Attends!

Et Mgr Charles de Bourbon attendait. Et, tout en

attendant, il était comblé d'honneurs et de gloire. Le peuple s'assemblait sous les croisées du Louvre et criait :

— Vive le roi !

Le nouveau souverain passait soir et matin de belles revues militaires, où les bourgeois assistaient en armes.

Enfin madame la duchesse de Montpensier le venait entretenir chaque jour, et, tout en se montrant très-affligée de la mort de ses frères, elle lui laissait entendre qu'il était, lui, Charles de Bourbon, un fort beau cavalier, et qu'elle s'estimerait très-heureuse d'être consolée par lui de sa grande affliction.

Que pouvait donc souhaiter le bon Paterne ?

Car le bon Paterne s'était fait l'ombre, la pensée et la chair du cardinal.

Si le cardinal dormait mal, Paterne, le lendemain, en ressentait une fatigue extrême. Si le cardinal faisait un bon repas, il semblait à Paterne qu'il éprouvât toutes les béatitudes de la digestion.

Or, donc, à première vue, on eût cru que Paterne devait être l'homme le plus heureux du monde. Non-seulement tout souriait à son maître, mais encore lui, Paterne, était devenu un personnage.

On disait tout bas qu'il serait le premier ministre.

Les seigneurs lorrains le saluaient, les bourgeois de la Ligue s'inclinaient bien bas devant lui.

Les pages de la duchesse l'appelaient monseigneur.

La duchesse elle-même le qualifiait de *messire* Paterne.

Enfin, on lui avait donné pour logis, au Louvre, deux belles chambres qui autrefois étaient occupées par M. de Quélus et M. d'Épernon, les favoris du roi déchu !

Et pourtant messire Paterne était triste ! triste et

morose comme un mari jaloux, triste à navrer le cœur et à fendre l'âme. Le secret de la tristesse de maître Paterne était bien facile à deviner: Paterne était l'esclave de Mauvepin.

Mauvepin lui avait mis, au château de Vendôme, son poignard sur la gorge, et lui avait dit:

— Jure moi, sur ton salut éternel, que tu m'obéiras, que tu garderas mes secrets, que tu seras le ministre de mes volontés sans les discuter jamais, où je te tue!

Or, messire Paterne tenait à la vie; il avait fait pour vivre le serment que lui demandait Mauvepin. Et puis messire Paterne était religieux. Violer son serment, c'était se condamner à la damnation éternelle. Et Paterne gardait fidèlement la foi jurée.

Aussi était-il triste; car il savait bien, lui, que le roi Charles X était un roi de convention aux ordres de maître Mauvepin. Donc le chapelain, passé premier ministre, était mélancoliquement enfermé chez lui, dans son logis du Louvre, lorsqu'on gratta à sa porte.

— Entrez, dit-il.

La porte s'ouvrit, Mauvepin parut.

Le fou du roi Henri III n'était plus vêtu comme le matin, quand nous l'avons vu se rendre à Saint-Cloud, puis revenir chez Périne. Il avait changé de vêtements en route.

Il était habillé de rouge et de noir comme un officier du nouveau roi, portait des éperons tapageurs, et au côté une épée qui traînait bruyamment sur les dalles.

— Bonjour, cher monsieur Paterne, dit-il gracieusement.

Puis il ferma la porte et vint s'asseoir auprès du chapelain, qui replaça sur un guéridon voisin la Bible qu'il feuilletait d'un air distrait.

— Ah! c'est vous, monsieur Mauvepin, dit Paterne d'un ton lamentable; que venez-vous encore m'ordonner?

— Mais je viens vous donner des nouvelles de Saint-Cloud, cher monsieur Paterne. Le roi se porte bien.

— Quel roi?

— Vous êtes adorable, dit Mauvepin. Vous savez pourtant bien que nous sommes seuls.

— Eh bien?

— Donc, il n'y a qu'un roi... un vrai... le roi Henri III.

Paterne fit la grimace.

— Je me suis entretenu de vous avec lui, continua Mauvepin.

Paterne éprouva un léger frisson.

— Oh! ne tremblez pas, monsieur Paterne. Le roi Henri III vous aime beaucoup.

— Moi?

— Sans doute. Je lui ai parlé de vous en bons termes, cher monsieur Paterne.

Le chapelain salua.

— Et nous avons fixé votre sort dans l'avenir.

— Que voulez-vous donc faire de moi? dit Paterne en tremblant plus fort.

— Un évêque!

Paterne eut un éblouissement.

— Oh! mon Dieu! dit Mauvepin, voilà comment nous sommes, nous : quand on nous sert fidèlement, nous sommes reconnaissants. Vous serez évêque, monsieur Paterne.

— Mais...

— Évêque de Paris, encore.

— Mais... dit Paterne, qui avant tout songeait à son pauvre maître, que ferez-vous de monseigneur!

— Eh bien! il sera ministre et premier prince du sang.

— Vrai?

— Mais sur l'honneur!

— Vous m'assurez qu'il ne sera ni mis en jugement, ni décapité?

— Allons donc! fit Mauvepin : il rend un trop grand service au roi en tenant provisoirement sa place pour que le roi ne soit pas reconnaissant envers lui.

Paterne respira.

— Donc! fit-il, je serai évêque de Paris?

— Oui, monsieur Paterne.

— Et monseigneur sera premier ministre?

— Oui, monsieur Paterne.

— Mais, dit le chapelain, monseigneur est amoureux, grand Dieu!

— Je le sais.

— De madame de Montpensier?...

— Naturellement, si la chose n'avait pas dû arriver ainsi, votre maître ne serait pas roi.

— Ah! vous croyez?

— Et il est de votre devoir, monsieur Paterne, continua Mauvepin, de persuader à monseigneur le cardinal qu'il doit épouser la duchesse.

— Le roi Henri III ne redoute donc pas ce mariage?

— Monsieur Paterne, dit Mauvepin, vous êtes un peu naïf en politique.

— Vraiment?

— Et je vais vous le démontrer.

Paterne regarda Mauvepin comme on regarde un homme qui vous est supérieur en toutes choses.

— Écoutez-moi bien, reprit Mauvepin. La duchesse a fait roi le cardinal. — Donc elle voulait être reine?

— Sans doute.

— Or, pour qu'elle épouse le cardinal, il faut que le cardinal soit relevé de ses vœux par la cour de Rome.

— Naturellement.

— Et si vite qu'on aille en besogne, la chose demandera quelques délais.

— Oh! dit Paterne, qui était ferré sur ces matières, il faut plus d'un mois.

— Eh bien! je n'ai pas besoin d'un mois pour loger madame de Montpensier à Vincennes.

— Ah!

— Et pour chasser les Lorrains de Paris, ajouta Mauvepin.

— Fort bien Ainsi le mariage n'aura pas lieu?

— Non, mais pendant ce temps, madame de Montpensier se tiendra tranquille.

— C'est vrai, cela.

— Et nous continuerons à gouverner, vous et moi, par l'entremise de ce bon cardinal.

— Monsieur Mauvepin, dit Paterne, dont la figure s'était rassérénée, voulez-vous me faire un serment?

— Sur quoi?

— Sur votre salut éternel.

— Soit!

— Jurez-moi que vous êtes sincère, qu'il n'arrivera pas malheur à mon maître et que je serai évêque de Paris.

— Monsieur Paterne, répondit Mauvepin d'un ton grave, sur ma part de paradis, je vous le jure!

— Alors, dit joyeusement Paterne, je suis prêt à vous obéir de bonne grâce. Qu'ordonnez-vous, monsieur Mauvepin?

— Deux choses pour aujourd'hui.

— Voyons?

— Je veux d'abord coucher cette nuit dans votre chambre.

— Pourquoi?

— Mais parce que votre chambre est voisine de celle du cardinal, et qu'il s'y trouve un trou qui correspond à son alcôve.

— Ah! je devine.

— Et nous avons besoin de l'intervention supérieure, maintenant.

— C'est-à-dire que la voix céleste...

— La voix céleste donnera, cette nuit, d'excellents conseils au cardinal.

— Je vous céderai mon lit, monsieur Mauvepin. Après?

— Après, je protège une fille qui arrive du fond de la Lorraine et qui se nomme mademoiselle de Chamberville.

— Que puis-je faire pour elle?

— Vous la conduirez à madame de Montpensier, à qui elle est recommandée...

Un bruit sonore, celui d'une baguette d'ébène frappant un timbre, interrompit Mauvepin.

— C'est monseigneur le cardinal qui me mande auprès de lui, dit Paterne.

— Eh bien! allez, dit Mauvepin, peut-être la Providence va-t-elle intervenir tout de suite.

Et il se glissa dans l'alcôve du chapelain, tandis que Paterne se précipitait au-dehors.

IX

Une fois maîtresse de Paris, madame de Montpensier avait eu le choix des habitations.

Le peuple, prosterné à ses pieds, attendait ses volontés et se promettait de les exécuter fidèlement.

Mais, au soir de la victoire, la duchesse s'était prise à réfléchir et elle avait hésité.

Demeurerait-elle en son hôtel de la rue des Lions?

S'installerait-elle à l'hôtel Saint-Pol, cette vieille demeure des rois de France?

Ou bien entrerait-elle solennellement au Louvre?

Elle avait pris conseil du comte Éric de Crèvecœur.

Le comte lui avait dit :

— Madame, voici dix années que l'ardent jeune homme qui vous aimait follement est mort.

— De qui parlez-vous, comte?

— De moi, madame. Mais je suis demeuré l'ami, le serviteur de Votre Altesse, et c'est à ce titre que je lui vais donner mon avis.

— Je vous écoute, comte?

— Madame, poursuivit Éric de Crèvecœur, le duc de Guise est mort...

— Hélas ! soupira la duchesse.

— Celui-là était le vrai roi de l'avenir, le maître que Paris attendait.

— Oh! oui, fit Anne de Lorraine.

— Le duc mort, Paris et la France, qui viennent de déposer leur roi, attendent un nouveau monarque, et si la loi salique n'existait, vous seriez reine! Mais il faut un homme à ce royaume veuf de son roi, et si cet homme était M. de Mayenne, le frère de Votre Altesse, vous ne seriez pas reine.

— C'est vrai, dit la duchesse.

— Donc, il vous faut un mari, et un mari, vous l'avez choisi déjà, c'est ce vieillard imbécile que le peuple proclamera demain sous le nom de Charles X.

— Mais, observa madame de Montpensier, tout cela ne me dit point où je dois loger ce soir.

— A l'hôtel Saint-Pol, madame.

— Pourquoi pas au Louvre?

— Parce qu'il faut attendre que le roi Charles X vous y convie et vous ait épousée.

— C'est juste, dit la duchesse.

Et elle s'installa à l'hôtel Saint-Pol.

Or, il y avait sept jours qu'elle s'y trouvait, quarante-huit heures que Mgr le cardinal de Bourbon était à Paris, et madame de Montpensier n'habitait point encore le Louvre.

La nuit était proche, huit heures sonnaient à toutes les horloges de Paris, et madame de Montpensier achevait de travailler. Car elle travaillait depuis l'aube jusqu'à la nuit, cette bonne duchesse, assise devant une table chargée de parchemins et de papiers, comme eût pu le faire un véritable homme d'État.

Elle recevait les chefs de la Ligue, signait des ordonnances, expédiait des commissions, se faisait rendre un compte exact de ce qui se passait dans Paris. La vraie royauté n'était pas au Louvre; elle était à l'hôtel Saint-Pol.

Mais enfin, à cette heure, bourgeois, moines, ligueurs, étaient partis, et madame de Montpensier était seule, lorsqu'on vint lui annoncer une nouvelle visite.

C'était maître Paterne, le chapelain de Mgr Charles de Bourbon.

Au premier coup d'œil, il y avait deux jours, madame de Montpensier avait jugé Paterne et l'avait tenu pour un cuistre, mais un cuistre qu'il fallait ménager, à cause de l'influence qu'il avait su prendre. Et comme elle ne pouvait supposer que Paterne fût devenu l'esclave de Mauvepin, elle s'était montrée pleine d'amabilité pour lui.

— Ah! vous voilà, monsieur Paterne, dit-elle en lui donnant sa main à baiser. M'apportez-vous des nouvelles du roi?

— Oui, madame, répondit Paterne. Le roi supplie Votre Altesse de venir loger au Louvre.

— Au Louvre!

— N'est-ce point le palais des rois?

— Monsieur Paterne!

— Et, dit le chapelain d'un ton câlin, Votre Altesse est maintenant si près du trône...

Anne de Lorraine regarda le chapelain en souriant : vrai, dit-elle, vous croyez que je ne déplais pas au roi?

— C'est-à-dire, madame, qu'il est épris comme à vingt ans...

— Oh! vraiment!

— Et qu'il voudrait que la réponse de Rome arrivât ce soir même.

— Monsieur Paterne, dit la duchesse, s'il en est ainsi, si le roi doit placer sur ma tête une couronne...

— Qu'il vous doit, madame.

— Ceci est vrai, monsieur Paterne. Eh bien! j'irai volontiers coucher au Louvre.

— Ce soir?

— Sans doute.

14.

— Vos appartements sont prêts, madame. Mais à propos, Votre Altesse n'attend-elle pas une camérière, une fille de noblesse qu'elle doit prendre à son service?

— Ah! oui, dit la duchesse, feu mon frère le cardinal m'avait recommandé une pauvre jeune fille dont le père est mort au service de notre maison.

— La demoiselle de Chamberville, n'est-ce pas?

— Précisément. Vous la connaissez?

— Elle est arrivée à Paris dans la soirée, et elle est allée tout droit au Louvre, croyant y trouver Votre Altesse.

— Ah! vraiment!

— J'ai pris la liberté de l'amener. Elle est là... dans la pièce voisine.

— Eh bien! allez la quérir, monsieur Paterne.

— Le chapelain sortit et revint une minute après, suivi non de la vraie demoiselle de Chamberville, mais de Périne, qui avait suivi les conseils de Mauvepin et s'était vêtue à la mode du pays de Lorraine.

Périne était jolie, avenante, elle avait étudié son rôle, elle le joua à ravir et plut à madame de Montpensier, qui lui dit :

— A partir de ce jour, mon enfant, vous serez ma camérière et vous coucherez dans un cabinet voisin de ma chambre.

Périne s'inclina.

— Monsieur Paterne, dit la duchesse, je songe à vous.

— A moi? dit Paterne.

— Que diriez-vous d'un bel évêché?

— Hum! pensa Paterne, il faut croire que je suis né pour être évêque, puisque tout le monde y songe...

— L'évêché de Paris, par exemple!

Paterne salua et se dit :

— Décidément, les beaux esprits se rencontrent... Mais j'aime autant tenir ma mitre du roi Henri III que du roi Charles X. Cela me semble plus sûr.

. . . .

Deux heures plus tard, madame de Montpensier et Mgr le cardinal de Bourbon, qui décidément commençait à se croire roi, causaient et s'abandonnaient à une douce intimité.

Ils avaient soupé en tête-à-tête comme un roi et une reine des contes de fées.

Les vins avaient été généreux, les mets exquis, madame de Montpensier d'une coquetterie d'enfer et le nouveau roi d'une galanterie à faire oublier à la femme la plus clairvoyante qu'il avait dépassé la soixantaine.

Quand ils eurent bien édifié le château en Espagne de leur bonheur futur et de leur future royauté, il fallut cependant bien parler un peu politique, et, ce moment venu, le cardinal soupira.

— Ah! duchesse, dit-il, savez-vous que j'ai pourtant des remords!

— Et de quoi donc, Sire?

— De m'être emparé du trône, Henri de Valois vivant encore.

— Mais, Sire, dit la duchesse, le peuple a déposé le roi Henri de Valois.

— Oui, je le sais... mais...

— Mais? fit la duchesse.

— Ce peuple a-t-il bien le droit de déposer l'oint du Seigneur?

— Henri de Valois, en s'unissant aux huguenots et en commettant le crime épouvantable de Blois, a démérité de Dieu.

— Je ne dis pas non... mais... j'aimerais assez qu'il fût mort... Alors je serais vraiment roi légitime, puisque, après les Valois, la couronne revient à la maison de Bourbon.

— Mon cher Sire, dit la duchesse, êtes-vous bien sûr que les Bourbons n'eussent pas droit à la couronne avant les Valois?

— C'était ce que prétendait le connétable, notre ancêtre.

— Ah! vraiment!

— Et j'ai ouï dire, continua le cardinal, que lorsque François de Valois, duc d'Angoulême, depuis François Ier, est monté sur le trône, si mon grand-père, Charles de Bourbon, avait pu produire certaine pièce généalogique remontant à notre ancêtre Robert le Fort...

— Eh bien?

— Eh bien! il eût prouvé que le trône lui revenait de droit.

— Vous voyez bien.

— Malheureusement cette pièce s'est trouvée égarée, soupira le cardinal.

— Ah! fit naïvement la duchesse, si on pouvait la retrouver?...

— J'avoue, murmura le cardinal, que cela soulagerait d'autant ma conscience.

— Et vous régneriez désormais sans scrupule?

— Sans scrupule.

Madame de Montpensier se prit à sourire.

— Eh bien! Sire, dit-elle, je vais prier Dieu de m'envoyer ses lumières, et peut-être retrouverons-nous cette pièce généalogique.

Sur ces mots, madame de Montpensier appela ses pages et souhaita le bonsoir au roi Charles X.

Périne, devenue la demoiselle Isabeau de Chamberville, avait fait préparer les logis de la duchesse.

Le bon Paterne l'y avait aidée.

— Voici la chambre de la duchesse, lui avait-il dit et voici la vôtre.

— Ah! c'est la mienne... cela? fit Périne, qui remarqua tout de suite que, pour rentrer chez elle, il fallait passer chez la duchesse.

— C'est la vôtre. Ne vous convient-elle pas?

— Oh! mais si... Cependant.

— Cependant, fit Paterne souriant, cela dérange peut-être un peu certaines combinaisons sur lesqelles vous avez compté...

— Chut! dit l'escholière en posant son doigt rosé sur ses lèvres, voici la duchesse.

Madame de Montpensier arrivait, en effet, escortée de ses pages. Elle les renvoya, donna une seconde fois sa main à baiser à Paterne, lui reparla de son évêché, puis le congédia à son tour et demeura seule avec Périne. Périne déshabilla madame de Montpensier, qui fit le tour de son appartement avant de se mettre au lit et ferma sa porte à deux tours, puis plaça la clef sous son oreiller, en même temps que deux pistolets mignons sur un guéridon voisin, à la portée de sa main.

— Hélas! pensait Périne, Mauvepin m'a pourtant promis de me venir voir... par où passera-t-il?

La duchesse se fit lire un chapitre de la Bible par Périne et s'endormit. Alors Périne passa dans sa chambre pour se mettre au lit à son tour. Il y avait dans cette pièce une seule croisée qui donnait sur les cours intérieures du

Louvre, et à travers les carreaux de laquelle la lune brillait de tout son éclat.

Périne était couchée depuis longtemps et ne dormait pas, car elle songeait tristement à Mauvepin, lorsqu'une ombre passa entre la lune et la croisée, dessinant une silhouette d'homme. Périne faillit crier, mais elle reconnut la silhouette qui posait un doigt sur sa bouche. C'était celle de Mauvepin. Mauvepin s'était hissé du dehors, grâce à une échelle, jusqu'à l'entablement de la croisée de Périne. Une fois là, il fit un signe que Périne comprit sur-le-champ. Elle se leva sans bruit et alla ouvrir la fenêtre. Mauvepin sauta lestement dans la chambre de Périne.

— Dort-elle? demanda-t-il.

— Je crois que oui...

La lune éclairait la chambre de Périne et montra à Mauvepin un grand bahut à serrer les hardes. Il l'ouvrit.

— Que faites-vous là? demanda Périne.

— De la politique...

— Hein?

— Chut! et écoute bien ce que je vais te dire.

— Voyons?

— Tout à l'heure tu entendras retentir une voix sous la muraille ou dans le plafond.

— Ah! oui, vous allez faire le ventriloque, comme vous dites, n'est-ce pas?

— Justement.

— Eh bien! faudra-t-il vous répondre?

— Au contraire, tu feindras de dormir. La duchesse t'éveillera peut-être...

— Vous croyez?

— Et tu lui soutiendras que tu n'as rien entendu.

— Mais si vous parlez pendant que je serai éveillée?
— Tu n'entendras pas davantage.
— C'est bien! dit Périne.

Mauvepin se glissa dans le bahut aux hardes, et Périne regagna aussitôt son lit.

Or, madame la duchesse de Montpensier s'était endormie profondément. Elle était montée à cheval dans la journée; elle avait donné des audiences, expédié des ordres, et la fatigue avait momentanément triomphé de cette organisation énergique. Mais les soucis de l'ambition et de la politique poursuivaient madame de Montpensier jusque dans le sommeil, et les rêves se vinrent asseoir à son chevet. Rêves étranges, pour la plupart! Tantôt elle se voyait parcourant les rues de Paris et chevauchant à côté du roi Henri III, le monarque exécré. Tantôt elle croyait voir les clochers et les toits de la ville de Nancy devenus la proie des flammes.

Enfin, ô terreur! le drame épouvantable de Blois se reproduisit tout à coup dans son cerveau troublé. Elle vit son frère bien-aimé, le duc Henri de Guise, couché tout de son long, percé de coups d'épée, sur le parquet de faïence du château de Blois.

Et tout à coup le duc mort se leva; il marcha droit au lit de sa sœur et lui cria :
— Venge-moi! venge-moi!

Madame de Montpensier s'éveilla en sursaut et cria :
— Mon frère!

Mais alors, ô prodige! une voix lointaine, qui semblait venir du dehors, répondit :
— Anne, ma sœur, que voulez-vous de moi?

La duchesse jeta un cri. Cette voix ressemblait à celle du duc Henri de Guise, et cependant le duc était mort.

Les rayons de la lune éclairaient la chambre : elle était déserte.

— Ah! quel cauchemar affreux! murmura madame de Montpensier. Et elle essaya de se rendormir. Mais la voix se fit entendre de nouveau :

— Vous n'avez donc pas besoin de moi, Anne?

La duchesse, effarée et la sueur au front, se dressa sur son séant. Cette fois la voix ne résonnait plus au dehors : elle semblait monter des profondeur du plancher, et elle ajouta:

— C'est moi, cependant, moi votre Henri bien-aimé, ma chère Anne.

— Henri! exclama la duchesse éperdue.

La voix alla se loger dans la corniche dorée du plafond.

— Chère Anne, dit-elle, je ne suis plus qu'un esprit et je n'ai point de corps, mais Dieu m'a permis de vous venir trouver... car vous avez besoin de moi.

— Oh! exclama madame de Montpensier, qui s'agenouilla sur son lit, fit un signe de croix et prononça le nom de son frère en étouffant un sanglot.

— Henri! cher Henri!

La voix capricieuse vint se jouer dans le dossier armorié du lit et les franges de la courtine. Et la voix disait :

— Je sais où est le parchemin, la pièce généalogique dont a parlé M. de Bourbon.

Anne tressaillit à ces mots, et quelque chagrin qu'elle éprouvât de la mort de son frère, quelque douloureux que fût pour elle le son de voix du feu duc, elle ne put se défendre d'un cri de joie.

— Ah! dit-elle, vous savez où elle est, cette pièce généalogique qui peut établir que les Valois étaient des usurpateurs, et que le trône revenait de droits aux Bourbons?

— Oui, je le sais, dit la voix.

— Oh! dites-le moi, frère! supplia Anne de Lorraine.

— C'est que vous seule pouvez l'aller chercher.

— Ah! moi seule?...

— Oui.

— Eh bien! j'irai... fût-elle au bout du monde.

— Non, elle est dans l'église Saint-Germain l'Auxerrois.

— Sous une dalle?

— Non.

— Sous le maître-autel?

— Non.

— Où donc, enfin?

La voix s'éloigna un peu :

— Anne, dit-elle, faites-moi un serment.

— Parlez, mon frère.

— Jurez-moi que vous ferez scrupuleusement ce que je vais vous dire.

— Je le jure!

— Alors, écoutez.

Et la voix revint prendre sa place dans les couvertures que madame de Montpensier, baignée de sueur, avait rejetées. Madame de Montpensier écoutait avidement.

— Demain, à minuit, vous sortirez seule du Louvre.

— Après.

— Vous irez, enveloppée bans votre manteau à l'église Saint-Germain l'Auxerrois.

— Fort bien! mais à minuit les portes de l'église sont fermées. Les prêtres emportent les clefs.

— Dieu, qui m'a permis de venir jusqu'à vous, permettra que les portes s'ouvrent devant vos pas.

Madame de Montpensier se familiarisait peu à peu avec cette voix d'outre-tombe.

— Mais, dit-elle, il serait plus simple de faire demander les clefs au curé.

— Non, dit la voix.

— Pourquoi?

— Parce que nul être vivant ne doit savoir ce que vous allez faire...

— Ah!

— Vous entrerez donc à minuit dans l'église.

— J'y entrerai.

— Alors vous entendrez ma voix de nouveau.

— Et vous me guiderez dans la recherche de ce précieux parchemin?

— Oui... Adieu, Anne...

Et la voix s'éloigna subitement et parut s'en aller en mourant à travers les murs.

— Mon frère! mon frère! appela encore la duchesse.

— Que voulez-vous de plus? demanda la voix dans le lointain.

— Puis-je parler de cela à M. de Bourbon?

— Gardez-vous en bien... Adieu... à demain...

— Madame, dit Périne à travers la cloison, Votre Altesse serait-elle souffrante?

Périne feignait de s'être éveillée en sursaut, au bruit de la duchesse.

— Petite! appela madame de Montpensier.

Périne sauta hors de son lit et accourut.

— As-tu entendu?

— Quoi donc, madame?

— N'as-tu pas entendu parler?

— Je vous ai entendu parler, vous, madame, et j'ai cru que vous rêviez.

— Ah !

— Ou que vous étiez souffrante.

— Tu n'as pas entendu une autre voix ?

— Non, madame.

Madame de Montpensier se laissa prendre à la mine étonnée et naïve de Périne. Périne n'avait pas entendu la voix du feu duc, mais en revanche, elle avait entendu celle de la duchesse. Donc, la duchesse n'avait pas rêvé. Alors madame de Montpensier ordonna à Périne de s'aller recoucher, puis elle se leva et se mit en prières. Vers deux heures du matin elle se remit au lit et éteignit le flambeau qu'elle avait allumé.

La lune avait disparu, Mauvepin souleva avec précaution le couvercle du bahut et en sortit sur la pointe du pied.

— Vous partez ? lui dit Périne à l'oreille.

— Oui.

Mauvepin tira de sa poche une échelle de soie dont il attacha sans bruit un des bouts au pied du lit de Périne, puis il prit l'autre et s'élança par la croisée hors de la chambre, après avoir recommandé à Périne de faire disparaître l'échelle aussitôt qu'il aurait touché terre.

Madame de Montpensier s'était endormie et n'avait rien entendu. Mauvepin se laissa glisser le long de l'échelle de soie et descendit dans la cour.

Un homme l'attendait en bas.

Paterne avait tenu le bout de l'échelle.

— Eh ! bien ! dit-il, vous voilà, coureur d'aventures ?

— Me voilà, monsieur Paterne.

— La duchesse n'a rien entendu ?

— Rien.

Mauvepin n'avait point mis Paterne jusqu'au bout dans la confidence.

— Et vous allez regagner votre chambre et dormir jusqu'au matin, je suppose?

— Oh! que non pas...

— Où allez-vous?

— Je quitte le Louvre.

— Ah! pour longtemps?

— Non, je vais à Saint-Cloud.

— Voir le roi?

— Justement.

Mauvepin prit Paterne sous le bras.

— Vous m'allez, dit-il, donner un laisser-passer.

— Pour la porte Saint-Honoré?

— Oui.

— Volontiers, dit Paterne, mais prenez bien garde d'être reconnu par quelqu'un de ces bourgeois que vous avez malmenés jadis.

— Peuh! j'ai laissé pousser ma barbe. Je n'en avais pas alors...

— N'importe! soyez prudent...

— Et puis, dit Mauvepin, je vais avoir un nouvel habit.

Et Mauvepin, qui s'était logé dans les combles du Louvre, fit monter Paterne dans sa chambre.

Là, le bon chapelain, un peu étonné, le vit se dépouiller de son pourpoint, mettre ses pieds à nu et les chausser de sandales, puis jeter sur ses épaules une robe de moine dominicain.

— Que faites-vous? demanda le chapelain stupéfait.

— Je me fais moine.

— Pourquoi?

— Mais parce qu'on questionne toujours plus ou moins un homme d'épée.

— C'est juste

— Tandis qu'un moine...

— Passe partout, acheva le bon Paterne.

Mauvepin déchira un feuillet de ses tablettes et le passa au chapelain :

— Écrivez là-dessus, lui dit-il, ce que je vais vous dicter.

— Voyons?

« Ordre à tout bourgeois, soldat lorrain ou de la garde civique de laisser passer le frère Just, quêteur du couvent des dominicains. »

Paterne écrivit.

— Et signez, dit Mauvepin : « l'abbé Paterne, aumônier du roi Charles X. »

Paterne signa. Alors Mauvepin passa deux pistolets et un poignard à sa ceinture, puis il ramena son capuchon sur ses yeux et dit à Paterne :

— Bonsoir! allez vous coucher, et bonne nuit!

Mais, comme Mauvepin sortait du Louvre par la poterne du bord de l'eau, une fenêtre s'ouvrit au-dessus, et une tête ardente et curieuse le regarda s'éloigner.

X

Le roi Henri, troisième du nom, venait de s'éveiller, et il avait mandé auprès de lui M. de Crillon. Depuis que la monarchie était en péril, Crillon ne dormait guère.

Le bon chevalier se multipliait; il passait sa vie au

milieu du camp qui s'était formé à l'entour du château de Saint-Cloud.

Le roi avait autour de lui quarante mille hommes environ. Il en attendait à peu près autant de divers point du royaume. Et comme on va le voir, l'heure était proche où il marcherait sur Paris. Donc, le roi ayant mandé Crillon, Crillon arriva.

— Chevalier, dit Henri III, j'ai mal dormi cette nuit, mon ami.

— C'est un tort, Sire.

— Vraiment ?

— Sans doute, car si j'avais à choisir une résidence, je préférerais Saint-Coud au palais du Louvre, Sire.

— Et pourquoi cela ?

— L'air est meilleur à Saint-Cloud.

— Peuh ! qui sait ?

— La vue est magnifique !... on voit la Seine.

— On la voit des croisés du Louvre, ami Crillon.

— On découvre au loin les bois de Clamart et de Meudon.

— Mais du Louvre on voit bien autre chose...

— Bah ! de vilaines choses, Sire.

— Allons donc !

— Un tas de maisons enfumées, de pignons noircis, de tours moussues et de clochers de couvents et d'églises.

— Crillon, mon ami, ne dites pas de mal des couvents, on vous prendrait pour un huguenot.

— Sire, dit Crillon, je suis d'Avignon, qui est ville papale et où il n'y a que de bons catholiques.

— Soit ! Ainsi vous aimez Saint-Cloud, chevalier ?

— Énormément, Sire.

Henri III soupira

— C'est égal, dit-il, je trouve qu'on est bien au Louvre.

— L'hiver, Sire.

— Et l'été aussi chevalier.

Crillon frisa sa moustache.

Lorsque Crillon frisait sa moustache, c'était bon signe.

— Sire, dit-il, je vois bien que Votre Majesté meurt d'envie d'aller coucher au Louvre.

— J'en conviens, Crillon, mon ami.

— Pourtant la chose est difficile.

— Ah bah!

— Impossible même, aujourd'hui.

— Aujourd'hui, soit... mais... demain?

— Demain, pas devantage.

— Mais, Crillon, mon ami.

— Dans trois jours, continua Crillon, je ne dis pas...

— Ah! dans trois jours!

— Si le roi de Navarre est exact.

Malgré les conseils de ses amis, malgré les représentations de Crillon, Henri III ne pouvait s'empêcher de froncer le sourcil au seul nom du roi de Navarre.

— Sait-tu, Crillon, dit-il d'un ton boudeur et comme un enfant à qui on refuse un jouet, sais-tu que c'est bien humiliant pour un roi de France, cela?

— Quoi donc, Sire?

— D'avoir besoin du roi de Navarre pour rentrer au Louvre.

— Sire, dit Crillon, qui tenait à ménager l'amour-propre royal, besoin n'est pas le mot.

— Alors, à quoi bon attendre?

— Mais il faut que M. de Montmorency, qui est à Mantes, ait le temps de nous rejoindre.

— Bon !

— Il se peut faire, du reste, que le roi de Navarre arrive en même temps...

— Eh bien ! soit, dit le roi en soupirant. Que ferons-nous alors ?

— Nous marcherons sur Paris.

— Et nous le prendrons.

— Ah ! dame ! Sire, fit naïvement Crillon, si Paris résiste à trois hommes qui s'appellent Bourbon, Montmorency et Crillon, marchant sous les ordres du roi Henri de Valois, c'est à désespérer de la Providence.

— Brave Crillon ! dit le roi ; je sais, moi, que si tu le voulais...

— Eh bien ! Sire...

— Nous prendrions Paris à nous deux.

— C'est bien possible.

— Ce soir même.

— Je ne dis pas non ; mais encore faudrait-il sacrifier un grand nombre de brave gens, huit ou dix mille hommes au moins... et le sang de la France est cher, Sire, d'autant plus cher qu'on le donne gratis à tous ceux qui en ont besoin.

— Tu as raison, Crillon, mon ami, nous attendrons M. de Montmorency...

Et, poussant un nouveau soupir, le roi ajouta :

— Et mon cousin de Navarre.

Comme le roi se résignait, un page souleva la portière de la chambre royale.

— Monsieur le chevalier, dit-il à Crillon, il y a à la porte du château un moine qui désire vous parler.

— Un moine ? fit Henri III avec un mouvement de répulsion instinctive.

— Un moine qui vient de Paris.

— Qu'on le chasse! dit le roi.

— Je vais voir, dit Crillon.

Et il sortit. Le roi, demeuré seul, murmura :

— Oh! j'ai horreur des moines!

Crillon revint une minute après. Un moine l'accompagnait. Henri fit un geste de dégoût. Mais le moine releva son capuchon et Henri jeta un cri d'étonnement :

— Mauvepin! dit-il.

— Moi-même, Sire.

— D'où viens-tu?

— De Paris.

— Et pourquoi es-tu ainsi accoutré?

— Parce qu'il est beaucoup plus facile de sortir de Paris déguisé en moine que vêtu en soldat.

— C'est une raison...

— Et je puis vous dire, Sire, ajouta Mauvepin, que j'ai l'intention de revenir ainsi dorénavant à Saint-Cloud.

— Toujours?

— C'est-à-dire jusqu'au moment où Votre Majesté rentrera au Louvre.

— A la bonne heure!

— Je disais précisément tout à l'heure au roi, dit Crillon, que... dans trois jours... on pourrait donner l'assaut.

— Dans trois jours, et même dans quarante-huit heures, chevalier.

— Plaît-il? fit Crillon.

— Écoutez-moi bien, chevalier, les bourgeois, si on donne l'assaut, résisteront...

— La chose est certaine...

— Mais pour cela il leur faudra un général habile et qui exerce sur eux une grande influence morale.

— Eh bien! fit Henri III avec ironie, n'ont-ils pas leur nouveau monarque?

— Ah! celui-là, dit Mauvepin, j'en réponds.

— Comment?

— Au premier coup de canon, il s'enfermera dans son oratoire.

— Et... là?

— Là, il se mettra en prières.

— Soit, dit Crillon, mais il est un autre général en qui les Parisiens ont une confiance tout à fait aveugle.

— Et qui donc? fit Mauvepin souriant.

— Madame de Montpensier.

— Vous avez raison, chevalier.

— Et celle-là?...

— Chut! dit Mauvepin, voici le moment de causer un peu, monsieur le chevalier.

— Avec qui?

— Avec le roi.

— Je t'écoute, mignon, dit Henri III. Voyons, qu'as-tu à dire?

— Sire, dit Mauvepin, j'ai vingt-huit ans.

— Déjà?

— Vingt-huit ans et deux mois. J'ai mangé mon patrimoine.

— Prodigue!

— Je suis bon gentilhomme... et mes aïeux sont allés aux croisades...

— Où veux-tu en venir?

— J'ai quelque esprit...

— Beaucoup même; après?

— Et sans être joli garçon... j'ai du piquant dans la physionomie...

— Bon ! après ?

— Il y a cinq ans, j'ai sauvé la vie à Votre Majesté, Sire.

— C'est vrai, je m'en souviens.

— Cela ne m'a pas empêché d'attraper vingt-huit ans, Sire.

— Je ne suis pas aussi puissant que Josué, mon mignon. Je ne saurais arrêter le soleil et par conséquent le temps...

— D'accord, Sire, mais Votre Majesté eût pu me dédommager de l'absence de patrimoine.

— Veux-tu une seigneurie ?

— Érigée en marquisat, oui, Sire.

— Oh ! oh !

— L'ordre du Saint-Esprit me plairait...

— Bon !

— Et j'épouserais volontiers une fille de grande maison, la fille de M. de Montmorency ou la sœur de M. d'Épernon, par exemple.

— Comment ! fit naïvement le roi, tout cela pour m'avoir sauvé la vie ?

— Je ne réclame rien pour le passé.

— Eh bien !... alors...

— Mais je cote l'avenir.

— Hein ? fit le roi.

— Voyons, Sire, reprit Mauvepin, Votre Majesté pense-t-elle que, si madame de Montpensier n'était de ce monde, le roi serait hors du Louvre ?...

— Je ne crois pas.

— Et que, si le jour où on donnera l'assaut à Paris madame de Montpensier n'y était point... les Parisiens seraient longs à se débander, à lâcher pied et à ouvrir leurs portes?

— Ce serait l'affaire d'une heure, dit Crillon.

— Eh bien! si je débarrassais Votre Majesté de madame de Montpensier?

— Malheureux, dit Henri III, tu songerais à l'assassiner!

— Non, Sire.

— A la faire périr.

— Nullement.

— Alors, que veux-tu dire? Explique-toi.

— Sire, dit Mauvepin, j'ai trouvé le moyen de supprimer madame de Montpensier du monde des vivants, sans pour cela qu'elle meure... Je la supprimerai à toujours... on ignora son sort.

— Tu l'enlèveras?

— A peu près.

— Mais où la conduiras-tu?

— A deux pas du Louvre.

— Je ne comprends pas, dit le roi.

— Ni moi, fit Crillon.

— Là où je la conduirai elle mourra de vieillesse.

— Explique-toi, mon mignon.

— Auparavant, Sire, je désire être fixé.

— Sur quoi?

— Sur mon marquisat.

— Tu l'auras.

— Et j'épouserai mademoiselle de Montmorency.

— Je la demanderai pour toi.

— Aurai-je l'ordre du Saint-Esprit?

— Foi de roi.

— Alors, écoutez, Sire.

Et Mauvepin raconta à Crillon et au roi d'abord que

la voix céleste avait convié madame de Montpensier à venir au Louvre, puis qu'il y avait eu entre le cardinal et la duchesse une longue conversation qu'il avait surprise, lui Mauvepin, et dans laquelle M. de Bourbon avait avancé qu'il existait quelque part une pièce généalogique qui établissait que les Bourbons auraient dû monter sur le trône à la place des Valois. Enfin, il termina par le récit de ce qui s'était passé dans la chambre de la duchesse durant la nuit. Madame de Montpensier avait cru entendre la voix du feu duc son frère, lequel l'invitait à se rendre la nuit suivante à Saint-Germain l'Auxerrois. Une fois là, Mauvepin s'arrêta.

— Ah çà ! dit le roi, mais tu ne comptes pas l'enfermer dans l'église ?

— Peut-être.

— Mais, fit Henri III, le premier prêtre venu lui ouvrira le lendemain en venant dire sa messe.

— Tarare !

— Je suis de l'avis du roi, dit Crillon.

Mauvepin se mit à rire.

— Sire, dit-il, je suis fort bien avec le curé de Saint-Germain l'Auxerrois.

— Ah ! tant mieux pour toi...

— Il est mon ami, et de plus, il est dévoué à Votre Majesté.

— Je le ferai évêque, en ce cas.

— Bon ! attendez.... Il y a sous l'église un caveau qui est celui du comte de Paimbœuf, un seigneur anglais que le roi Henri V y fit inhumer.

— J'ai ouï parler de cela, dit le roi.

— Ce caveau, poursuivit Mauvepin, est situé sous le

maître-autel, a près de soixante pieds de profondeur, il est voûté et les murs ont cinq pieds d'épaisseur.

— Diantre! fit le roi.

— On y descend par un escalier que recouvre une dalle, dans une des nefs latérales, et qui n'a pas moins de quatre-vingt-sept marches. Enfin, il est fermé par une porte de fer qui a trois serrures à ressort et qui se referme d'elle-même, quand on en a franchi le seuil.

— Et c'est là que tu veux...?

— Attendez, Sire. L'existence de ce caveau n'est connue que du curé de Saint-Germain l'Auxerrois, de son clerc et de moi.

— Comment sais-tu cela, toi?

— Parce que le curé est mon ami.

— Mais enfin, que comptes-tu faire?

— Cette nuit, quand la duchesse se rendra à l'église, elle trouvera la porte ouverte.

— Après?

— Un cierge brûlera dans la nef latérale. Moi je serai caché dans le confessionnal.

— Ah! ah!

— La voix du duc planera dans les cintres de l'église.

— C'est-à-dire la tienne.

— Naturellement... Et la voix ordonnera à la duchesse de marcher jusqu'au cierge. Or, le cierge sera placé à côté de la dalle qu'on aura soulevée et qui mettra à jour la première marche de l'escalier souterrain.

— Et puis? fit le roi que ce projet étrange intéressait.

— La voix ordonnera à la duchesse de prendre le cierge et de descendre les marches de l'escalier.

— Bon!

— Puis de franchir la porte de fer.

— Ah ! je devine, fit le roi, et la porte se refermera sur elle ?

— Votre Majesté l'a dit.

— Mais elle mourra de faim !

— Non, Sire. Elle trouvera dans le caveau des vivres pour quatre ou cinq jours.

— Mais... après ?

— Après, Votre Majesté aura pris Paris.

— Je l'espère bien.

— Paris sera rentré dans l'obéissance, et le curé de Saint-Germain l'Auxerrois descendra de temps en temps porter des vivres à la prisonnière.

— Mauvepin, dit le roi enchanté du projet, tu es un garçon d'esprit.

— Certes oui, Sire, mais l'esprit n'empêche pas d'avoir un bon estomac.

— Tu as appétit ?

— Je meurs de faim.

— Veux-tu déjeuner avec moi ?

— Je suis venu pour cela, Sire. D'autant mieux que je compte passer la journée ici.

— Ah ! tu ne retournes pas à Paris.

— Je n'y rentrerai qu'à la brune.

— Et quand saurai-je si tu as réussi à loger la duchesse dans le caveau ?

— Je reviendrai demain au point du jour.

— Vêtu en moine ?

— Oui, Sire, et à ce propos laissez-moi vous dire que les moines sont mal vus à Saint-Cloud ; j'ai cru que je n'arriverais jamais jusqu'ici.

— Crillon, mon bon ami, vous donnerez pour consigne à vos sentinelles de laisser passer un moine qui demandera à me voir.

— Oui, Sire.

Le roi frappa sur un timbre, demanda son déjeuner et commanda qu'on mît le couvert de M. de Crillon et celui de Mauvepin.

Tandis que Mauvepin déjeunait avec le roi, madame de Montpensier s'éveillait. Un lourd sommeil avait succédé pour elle à cette poignante insomnie de la nuit pendant laquelle elle avait cru entendre la voix du feu duc de Guise son frère. Il était plus de neuf heures lorsqu'elle ouvrit les yeux. Tandis que Périne l'habillait, elle rassembla un à un ses souvenirs.

La voix du duc lui avait défendu de parler à qui que ce fût au monde de la démarche qu'elle devait tenter le soir, à minuit, dans l'église Saint-Germain l'Auxerrois.

Mais elle ne lui avait pas défendu de s'entretenir avec le comte de Crèvecœur, son lieutenant, son bras droit et son âme damnée, de cette pièce généalogique à l'aide de laquelle on devait prouver au royaume de France que les Valois étaient des usurpateurs. Aussi manda-t-elle sur-le-champ le comte Éric de Crèvecœur. Le comte arriva.

— Madame, lui dit-il froidement, quand elle lui eut raconté sa conversation de la veille avec M. le cardinal de Bourbon, si cette pièce se retrouvait, elle n'aurait pas grand crédit.

— Par exemple !

— A cette heure, continua Éric, les parchemins sont impuissants et les arquebuses ont tout pouvoir.

— Que voulez-vous dire ?

— Paris sera assiégé sous deux jours.

— Par le Valois ? fit dédaigneusement la duchesse.

Eh bien! les murailles sont épaisses... les tours sont crénelées... nous avons du canon.

— Henri de Valois en a aussi.

— Je connais maintenant le peuple de Paris, continua Anne de Lorraine ; il se barricadera dans chaque rue, dans chaque maison. Quelle est l'armée du Valois?

— Une vingtaine de mille hommes.

— J'ai cent mille Parisiens à lui opposer.

— Attendez, madame. M. de Montmorency et M. de Condé sont à Mantes.

— Eh bien?

— Ils disposent de quarante mille hommes, et ils attendent un ordre pour se joindre à lui.

— Quarante et vingt soixante, calcula froidement la duchesse.

— Enfin le roi de Navarre marche sur Paris à la tête de trente mille huguenots.

Cette fois madame de Montpensier pâlit.

— Le roi de Navarre, voyez-vous, madame, continua Éric de Crèvecœur, c'est le plus dangereux de tous : si le Valois et lui se donnent la main, la Ligue est perdue, et la France devient huguenote.

— Éric, dit la duchesse, est-ce que vous ne pensez pas que, si le Valois mourait, si le parchemin qui prouve la légitimité des Bourbons se retrouvait, le roi de Navarre ne serait plus à craindre?

— Peut-être *oui*... peut-être *non*, madame.

— Comment cela?

— Le cardinal est son oncle...

— Bon! Et puis?

— Et comme le cardinal a soixante-six ans, et qu'il espérerait en hériter, peut-être s'en retournerait-il en Navarre.

— Sans assiéger Paris?

— Problablement. Mais il se pourrait aussi qu'il revendiquât le trône pour lui-même.

— Il est huguenot. Je ne le crains pas...

— Soit! il est seul en face du trône; mais il est à redouter, madame, s'il se fait l'auxiliaire du Valois.

— Mais si le Valois mourait?... observa la duchesse pour la seconde fois.

— Éric la regarda et eut le frisson.

— Comte, poursuivit-elle avec un calme terrible, vous souvenez-vous du moinillon?

— De Jacquot? oui, madame.

— Qu'est-il devenu?

— On l'a, par vos ordres, gardé au couvent des dominicains depuis cinq ans.

— Il doit être à présent tout à fait fou.

— Je le crois. Mais... Et le comte Éric regarda madame de Montpensier avec une sorte d'épouvante.

— Comte, dit encore la duchesse, un mot?...

— Parlez, madame.

— Ne m'avez-vous pas dit que vous m'obéiriez toujours?

— Je l'ai dit, madame.

— Sans observations?

Éric s'inclina silencieusement.

— Eh bien! dit Anne de Lorraine, demandez ma litière... je sors...

— Dois-je vous accompagner?

— C'est inutile.

— Mais, enfin, où va Votre Altesse?

— Au couvent des dominicains.

— Et, dit le comte, c'est là tout ce que Votre Altesse m'ordonne aujourd'hui?

— Trouvez-moi le moyen de faire pénétrer un moine jusqu'à Saint-Cloud, dit la duchesse impassible.

— Et… si je trouve ce moyen?

— Le reste doit peu vous importer. Allez, comte.

Le comte Éric fit un pas vers la porte, mais, comme il allait en franchir le seuil, il rebroussa chemin.

— Pardonnez-moi, madame, dit-il, mais je supplie Votre Altesse de souffrir que je lui adresse une question…

— Faites.

— Et je lui demande à genoux de ne pas m'en demander la cause.

— Soit. Parlez…

— Votre Altesse a couché ici la nuit dernière?

— Oui.

— Elle a fermé sa porte à clef?

— Naturellement.

— Personne n'est entré?

— Personne, dit la duchesse qui ne put s'empêcher de tressaillir.

Éric jeta un coup d'œil rapide dans la chambre de Périne. La camérière était sortie. Puis il ouvrit la croisée et se pencha au dehors.

— Que faites-vous? demanda la duchesse.

— Rien, madame, je regarde où donne cette croisée. Maintenant, je vais commander votre litière.

Le supérieur des dominicains étant mort, on l'avait remplacé. Antoine était devenu supérieur du couvent.

Le nouveau supérieur était au mieux avec la maison de Lorraine et les chefs de la Ligue. Madame de Montpensier qui était un peu comme Mauvepin, et promettait volontiers l'évêché de Paris à tout venant, madame de Montpensier lui avait promis qu'il serait évêque.

Aussi, lorsqu'on le vint avertir que la litière de la duchesse venait de s'arrêter à la porte de son couvent, dom Antoine, malgré son gros ventre, se prit-il à courir comme un cerf, et il arriva, respectueux et plein d'humilité, recevoir son illustre visiteuse. Un feu sombre brillait dans les yeux de la duchesse, et sa pâleur nerveuse impressionna vivement dom Antoine. Sur un signe qu'elle fit, le supérieur la conduisit dans le parloir et s'y enferma avec elle.

— Qu'est devenu le moinillon Jacquot? lui demanda-t-elle.

— Il est ici, madame, depuis cinq ans bientôt.

— Et libre?

— Oh! non... au cachot...

— Et... sa raison?

— On a exécuté fidèlement les ordres de Votre Altesse, madame.

— Ah!

— Chaque matin, reprit dom Antoine, deux moines qu'il ne connaissait pas autrefois, car il sont entrés dans notre ordre depuis qu'il est prisonnier, deux moines, dis-je, habillés en gardes du roi, pénètrent dans son cachot...

— Très-bien!

— Et ils le fustigent, en ayant bien soin de lui dire qu'ils agissent par ordre du roi.

— Il ne vous voit jamais?

— Lui, jamais; mais moi je puis le voir.

— Comment?

— Par une ouverture que j'ai fait pratiquer dans le mur du cachot voisin.

— Mais il n'est pas complétement fou...?

— Non, mais il est furieux, il ne parle que de tuer Henri III.

— Prononce-t-il mon nom?

— A chaque minute. La folle et brûlante passion qu'il a osé concevoir pour Votre Altesse excite encore sa haine pour le roi.

— Mais enfin se croit-il moine... ou gentilhomme?

— Il a cru la fable que nous avons imaginée sur sa naissance?

— Vrai?

— Une nuit, une pierre est venue tomber dans son cachot par le soupirail. Autour de la pierre était enroulé un parchemin.

— Que contenait-il?

— Ces mots : « Il est temps que tu saches qui tu es et pourquoi tu es la victime de la persécution du roi. En toi est le dernier rejeton d'une grande race. Si tu étais libre, tu pourrais ceindre une couronne. »

Naturellement, acheva dom Antoine, le parchemin n'était pas signé. Comme la nuit était profonde, il fut obligé d'attendre le premier rayon du jour pour lire ce parchemin. Caché dans la cellule voisine, l'œil au judas que j'avais fait percer, je l'épiais... Il demeura un moment immobile, les bras pendants, la bouche béante, et comme s'il eût été frappé de la foudre, puis il jeta un cri sauvage :

— Roi! roi! dit-il... Je pourrais être roi!...

Et il frissonna d'abord, puis poussa des sons inarticulés et s'écria enfin avec l'accent de la folie :

— Mais alors je pourrais l'aimer!... »

— C'était de moi qu'il parlait, sans doute?

— Oui, madame.

— Dom Antoine, dit la duchesse, conduisez-moi au cachot de Jacques.

— Votre Altesse le veut voir?

— Je le veux.

— Mais... à travers le mur... je suppose !

— Non, je veux entrer dans le cachot.

— Seule?

— Seule.

Et elle fit un geste qui n'admettait pas de réplique.

Dom Antoine appela le frère portier et lui demanda les clefs du cachot de Jacques. Puis, comme la duchesse voulait demeurer seule avec le moine, il s'arma lui-même d'une torche et la conduisit dans les souterrains du couvent. Arrivé à la porte du cachot, il s'arrêta.

— Entrerai-je avec Votre Altesse? demanda-t-il.

— Non.

— Demeurerai-je ici à l'attendre?

— Pas davantage, vous vous éloignerez.

Dom Antoine fit jouer les verrous et les serrures, puis remit la torche aux mains de madame de Montpensier, et se retira en disant :

— Qu'il soit fait ainsi que le désire Votre Altesse.

Madame de Montpensier poussa la porte du cachot, puis, sa torche à la main, elle s'arrêta sur le seuil et contempla le prisonnier. Vêtu de haillons, couché sur une paille humide, hâve, maigre, exténué, Jacquot le moinillon semblait n'avoir plus de vivant que le regard; ses yeux étincelaient dans l'ombre du cachot. On eût dit deux charbons ardents. Madame de Montpensier entra.

Le prisonnier la regarda d'abord avec cette curiosité hébétée et mêlée d'effroi de la bête fauve qui voit pénétrer un être humain dans sa cage. Puis tout à coup la duchesse ayant exposé son visage aux clartés de la torche, le pauvre moine jeta un cri. Un cri impossible à rendre, un cri de joie sauvage et de folie furieuse :

— *Elle !* C'était *elle !* Et il se traîna vers elle, sur les genoux, et se mit à baiser le bas de sa robe.

— Jacques, lui dit la duchesse. Je t'apporte la liberté!... Suis-moi!...

XI

La nuit était venue, enveloppant Paris et les deux rives de la Seine d'un linceul de brume. Mauvepin était de retour de Saint-Cloud, et il était entré furtivement au Louvre.

Madame la duchesse de Montpensier y était également revenue. Seulement, elle avait pénétré dans la cour du palais, les rideaux de sa litière hermétiquement fermés, et un page indiscret qui l'en avait vue sortir prétendait qu'elle s'appuyait sur l'épaule d'un moine.

Le moine était de taille moyenne, et on ne voyait rien de son visage, si ce n'est deux yeux qui brillaient comme des charbons ardents à travers les trous de sa cagoule.

La duchesse, le moine et le comte Éric s'étaient entretenus secrètement et à voix basse pendant plus d'une heure. Puis, M. de Crèvecœur était sorti. Où allait-il ? Nul ne prit garde à lui, pas même Mauvepin.

Mauvepin était occupé, en ce moment-là, à deviser avec maître Paterne, le chapelain du roi Charles X et le futur évêque de Paris. M. de Crèvecœur s'était perdu dans les rues obscures qui avoisinent l'église Saint-Germain l'Auxerrois.

Quant à Mauvepin, comme nous venons de le dire, il était au Louvre, où il était rentré dans sa robe de moine.

Depuis qu'on avait fait un cardinal roi de France, le Louvre avait perdu quelque peu de son aspect guerrier.

Le nouveau roi n'ayant point encore de gardes du corps ni de Suisses, c'était la garde bourgeoise qui veillait sur lui.

Les peaussiers, les drapiers, les épiciers, en pourpoints de bure, en casques de toutes formes, armés, qui d'une rapière, qui d'un mousquet à rouet, faisait sentinelle dans les cours et encombraient les escaliers. Les gens d'église pullulaient en la noble et royale demeure. Ce n'étaient que diacres, sous-diacres, archidiacres, qui se croisaient dans l'antichambre de maître Paterne devenu un grand personnage. Les moines de toutes couleurs fourmillaient dans les salles.

Aussi Mauvepin, enveloppé dans son froc de dominicain, entrait-il au Louvre et en sortait-il comme s'il n'eût eu qu'à franchir la porte banale d'un moulin.

Donc, l'ex-fou du roi aurait manqué de bon sens, s'il avait pu se figurer un seul instant qu'on faisait attention à lui; et il était à mille lieues de penser que M. de Crèvecœur avait remarqué son départ et son retour.

Or Mauvepin était chez Paterne.

— Comment va le roi? lui demanda-t-il.

— Quel roi? dit Patrne, qui devenait flatteur et faisait sa cour à Mauvepin.

— Pas le vrai, l'autre.

— L'autre, dit Paterne, a fort bien déjeuné.

— Ah! tant mieux! il a donc retrouvé l'appétit?

— Oui, certes.

— Et après son déjeuner?

— Il a signé des ordonnances.

— Ah bah!

— Des ordonnances que lui a apportés M. de Crèvecœur.

— Sans les lire?

— Naturellement.

Mauvepin eut un sourire.

— Pauvre roi de carton! dit-il; si je n'y mettait ordre, on lui ferait signer son abdication ce soir même. Et maintenant où est-il?

— Là... dans son cabinet.

— Que fait-il?

— Il attend madame de Montpensier.

— Viendra-t-elle?

— Je ne crois pas; elle m'a fait tenir ce billet que j'allais remettre à monseigneur le cardinal, lorsque vous êtes entré.

— Ah! voyons?

Et Mauvepin prit le billet des mains de maître Paterne.

— Mais, dit le chapelain, permettez...

— Quoi donc?

— Ce billet est cacheté.

— Eh bien! dit Mauvepin, cela vous embarrasse, vous, parce qu'un billet est cacheté?

— Dame!

Mauvepin entr'ouvit sa robe de moine et tira une dague qu'il avait au flanc. Puis il approcha la pointe aiguë et mince de cette lame d'une bougie qui brûlait sur la table et la chauffa à blanc.

Et comme il y avait sur cette table un verre dans lequel maître Paterne avait, bien involontairement sans doute, oublié un doigt de vin, il y trempa lestement la pointe de sa dague; enfin il la passa délicatement entre le cachet de cire verte aux armes de la duchesse et le parchemin sur lequel il était apposé.

Le cachet s'enleva sans que son empreinte eût été altérée, et la lettre se trouva ouverte.

Alors Mauvepin, que Paterne commençait à trouver sans façon, — Mauvepin lut les lignes suivantes :

« Sire roi, mon futur époux,

» Le ciel m'a inspirée : je quitte le Louvre ce soir, et j'espère y rentrer bientôt avec le parchemin qui établit votre généalogie et donne à la maison de Bourbon le pas sur la maison de Valois.

» Votre reine et sujette,

» Anne »

— Ma parole dit Mauvepin en riant, c'est du dernier galant.

— Hein ! fit Paterne, qui le vit froisser la lettre dans ses doigts.

— Mon cher évêque, dit Mauvepin, j'ai cru d'abord qu'il serait peut-être utile de faire tenir cette lettre au roi Charles X, et je ne l'ai décachetée si délicatement que parce que je croyais avoir besoin d'en rétablir le scel.

— Eh bien?

— Eh bien! la chose est inutile.

— Comment cela?

— Le roi Charles X ne reverra pas la duchesse.

— Que dites-vous?

— D'abord elle a quitté le Louvre...

— Oui ; mais elle y rentrera.

— Pas ce soir.

— Demain...?

— Ni ce soir, ni demain, ni jamais.

Paterne tressaillit. Mauvepin approcha la lettre de la bougie et l'y brûla. Pui il dit encore à Paterne :

— Maintenant, écoutez-moi bien. Vous allez entrer chez le roi.

— Bon !

— Et vous verrez ce qu'il fait.

— Après?

— S'il dort en attendant le dîner, ce qui est probable et tout à fait dans ses habitudes, vous me viendrez prévenir.

— Et s'il ne dort pas?

— Nous verrons.

Paterne obéissait toujours depuis qu'il avait senti la dague de Mauvepin lui effleurer la gorge.

Il entra donc chez le cardinal. Mauvepin avait un flair exquis. Le roi Charles X dormait. Paterne revint et avertit Mauvepin. Mauvepin lui dit : A-t-il le sommeil dur?

— Assez.

— Puis-je entrer dans le cabinet sans courir le risque de l'éveiller?

— Je le crois.

— Conduisez-moi.

Paterne introduisit Mauvepin dans le cabinet. Mgr de Bourbon ronflait comme un bourdon de cathédrale.

Mauvepin ouvrit un grand bahut qui, au temps du vrai roi, renfermait une fort belle collection d'armes orientales et italiennes. Le peuple de Paris, en prenant le Louvre d'assaut, avait enlevé les armes. De telle sorte que le bahut était vide. Mauvepin se glissa dans le bahut, fit signe à Paterne de sortir, et tira sur lui la porte sculptée du meuble.

Cependant Mgr le cardinal de Bourbon rêvait... Oh ! il faisait un songe charmant, dépourvu d'ambition et tout imprégné d'amour. Il songeait qu'il avait seize ans... et qu'il était damoiseau. Un damoiseau aux lèvres roses, à peine couvertes d'un duvet follet, aux cheveux châtains et bouclés, à la taille svelte et frêle. Un beau damoiseau dont rêvait les fillettes et que s'arrachaient les châtelaines en pleine maturité de beauté. Et fillettes, se prenant les mains, dansaient en rond autour de lui. Et de graves châtelaines, assises en leur fauteuils sculptés, prenaient sa jeune tête dans leurs mains, lui tressaient une couronne de baisers et lui donnaient leurs genoux pour oreiller. Mais, si doux que soit un rêve, il a malheureusement un réveil. Et Mgr le cardinal s'éveilla brusquement. Il s'éveilla pour se retrouver lourdement étalé dans son fauteuil en face d'un miroir d'acier qui reflétait ses cheveux gris, sa mine un peu rougeaude et son abdomen majestueux : le damoiseau était redevenu barbon. Et Mgr Charles de Bourbon soupira. Et comme il soupirait, une voix murmura à son oreille :

— Est-ce ainsi que tu t'occupes des affaires de l'État ?

Le cardinal se retourna vivement et ne vit personne.

La voix ajouta :

— Charles de Bourbon, mon ami, le ciel a bien des choses à vous apprendre.

— La voix céleste ! murmura le cardinal.

— Oui.

Et la voix fit de nouveau une excursion dans les corniches. Mgr de Bourbon prit un air grave et recueilli :

— Est-ce vous, bienheureux Mauvepin ? demanda-t-il.

— C'est moi.

— Vous m'apportez des ordres?
— Oui.
— J'attends...

La voix reprit :

— Madame de Montpensier a quitté le Louvre.
— Et où est-elle allée? demanda le cardinal avec inquiétude.
— C'est un mystère.
— Ah!
— La duchesse a voulu se préparer à un grand acte, Sire.
— Lequel?
— Son union avec Votre Majesté.
— Et... pour cela?
— Pour cela, elle s'est réfugiée dans un couvent de femmes.
— En quel lieu?
— C'est ce que je ne puis dire à Votre Majesté?
— Mais... vous le savez, vous?
— Je le sais, parce que les esprits savent tout...
— Alors...
— Mais il m'est interdit de le dire.
— Pourquoi.
— Parce que c'est une épreuve à laquelle Votre Majesté est soumise.
— Une épreuve?
— Oui, le ciel veut savoir jusqu'à quel point vous aimez la duchesse.
— Ah! fit l'amoureux monarque.
— Et vous ignorerez le secret de sa retraite.
— Mais enfin elle reviendra au Louvre?
— Oui.
— Dans combien de temps?

— Dans quinze ou vingt jours.
— Pas avant?
— Non.

Le cardinal eut un soupir à fendre l'âme.

— Et, dit encore la voix, Votre Majesté fera bien de s'aller mettre en prière dans son oratoire.

Le cardinal se leva de son fauteuil et obéit. Il entra dans l'oratoire et s'y mit à genoux. Alors Mauvepin sortit du bahut et s'en alla en disant:

— Il faut pourtant que je m'arrange de façon que madame de Montpensier ne rentre pas au Louvre.

XII.

Depuis que l'habit religieux était à l'ordre du jour et qu'une casaque de soldat était primée par un froc, Mauvepin ne quittait plus sa robe de moine.

La cagoule rabattue, à travers laquelle étincelaient ses yeux noirs, l'ex-fou s'en allait par les corridors et les salles, recueillant des saluts, donnant des bénédictions et agitant les énormes grains d'un chapelet qui pendait à sa ceinture. En sortant du cabinet du roi Charles X, il repassa par l'oratoire de maître Paterne.

— Mon révérend, lui dit-il, je vous vais donner un conseil.

— Lequel? fit Paterne.

— Quand le cardinal aura suffisamment prié, vous lui ferez servir à souper.

— Fort bien.

— Et vous jetterez dans son vin les trois petites graines que voici.

Et Mauvepin tira de sa poche un papier qu'il déplia et qui contenait trois graines d'une substance noirâtre.

— Qu'est-ce que cela? demanda Paterne.

— C'est de l'opium.

— Ah! vraiment!

— Le cardinal a besoin de sommeil, dit Mauvepin.

— C'est-à-dire, fit Paterne, que vous avez besoin qu'il dorme, vous, Monsieur Mauvepin.

— Paterne, dit familièrement Mauvepin, le diocèse de Paris n'aura jamais eu un prélat d'autant d'esprit que vous. — Paterne salua. — Vous avez raison, reprit Mauvepin, j'ai besoin que le cardinal dorme... et longtemps...

— Longtemps?

— Oui, vingt-huit ou trente heures au moins.

— Et pourquoi cela?

— Pour que les troupes royales, vous savez, celles du vrai roi, entrent dans Paris commodément.

— Comment! c'est demain?

— Oui... c'est demain.

— Mais... la duchesse!...

— Elle part ce soir pour un pèlerinage...

— Et les bourgeois!...

— Vous allez me signer un ordre d'ouvrir la porte Saint-Honoré.

— Et vous croyez que cela suffira!

— Parbleu! N'êtes vous pas premier ministre du nouveau roi!

Paterne, flatté, signa l'ordre que lui demandait Maupin. Celui-ci lui tendit la main :

— Au revoir ! dit-il.

Paterne le retint :

— Monsieur Mauvepin, lui dit-il, je vois à votre air qu'il va se passer cette nuit des choses extradinaires...

— Vous pourriez ne pas vous tromper, monsieur Paterne.

— Aussi suis-je inquiet.

— Bah !

— Et vous devriez bien me rassurer.

— Sur quoi ?

— Sur mon évêché.

Mauvepin prit un air grave.

— Monsieur Paterne, fit-il, regardez-moi bien en face.

— Je vous regarde, dit Paterne.

— Je suis gentilhomme, et ma parole est sacrée, reprit Mauvepin. Or donc, écoutez bien ceci, monsieur Paterne.

— Je vous écoute.

— Si le roi Henri III rentre dans Paris, à moins que je ne sois mort, je vous engage ma foi de gentilhomme que vous serez évêque.

— Et vous me jurez, en outre, qu'il n'arrivera aucun mal à M. le cardinal ?

— Aucun, sur mon honneur !

Paterne respira.

— Au revoir donc ! et bonne nuit, dit Mauvepin.

Et il s'en alla. Il sortit du Louvre par la poterne de la rue Saint-Honoré, distribua une bénédiction à droite et à gauche, un coup de poing à un soldat ivre qui le voulait mener boire chez Malican, et, une fois dans la rue, il prit le chemin de la rue des Prêtres. La rue des Prêtres était bien nommée.

Tout le chapitre de Saint-Germain-l'Auxerrois y logeait, depuis le curé jusqu'au sacristain. Ce fut droit à la maison de l'épicier Jodelle que Mauvepin alla frapper.

Depuis les derniers événements politiques, le bonhomme Jodelle avait été si fort effrayé qu'il avait fermé sa boutique, s'était retiré au second étage de sa maison et, pour bien prouver qu'il avait horreur des huguenots, il avait loué le rez-de chaussée et le premier au curé de Saint-Germain. Mauvepin frappa trois coups contre le volet ; le volet s'ouvrit.

— Est-ce vous, monsieur Mauvepin ? demanda le curé.

— Oui, c'est moi, et je viens savoir si tout est prêt.

— Tout, monsieur Mauvepin.

— L'église est ouverte ?

— La petite porte est entre-bâillée.

— Et vous n'y avez laissé personne ?

— Un jeune diacre qui se mettra à votre disposition, si besoin est.

— Bonsoir, monsieur le curé, à demain ! dit Mauvepin.

Et il s'éloigna et gagna l'église. Le curé avait dit vrai, la petite porte de l'église était entre-bâillée. Mauvepin la poussa et vit un prêtre agenouillé derrière. Un cierge qui brûlait sur le maître autel était impuissant à éclairer les profondeurs de la nef, et Mauvepin ne songea point à regarder le prêtre.

Tout ce qu'il put en voir, c'était une grande barbe qui lui couvrait le visage tout entier.

Le prêtre demeura agenouillé.

— Tu peux t'en aller, lui dit Mauvepin.

Le prêtre s'inclina et sortit ; mais, quand il fut dans

le tambour, il poussa une porte et rentra furtivement dans l'église.

Quant à Mauvepin, il alla vers le maître autel et y prit le cierge allumé.

Puis, armé de ce cierge, il se dirigea vers cet escalier souterrain que masquait une dalle. La dalle était soulevée. Mauvepin s'engagea dans l'escalier et descendit, s'éclairant avec le cierge. Au bout de l'escalier se trouvait le caveau, dont la porte était ouverte. Dans un coin était le panier de provisions qui devait permettre à la duchesse de ne pas mourir de faim.

Mauvepin entra dans le caveau, mais il eut bien soin de faire un pas énorme et de ne point toucher la dalle qui en fermait le seuil et qui cachait le ressort dont le jeu devait faire retomber la porte sur la prisonnière.

Puis il remonta dans l'église et replaça le cierge sur le maitre-autel. Après quoi il se glissa dans la chaire du prédicateur et s'y blottit.

— Attendons, maintenant, dit-il. La cage est prête, l'oiseau ne peut tarder à venir…

L'oiseau, c'était madame de Montpensier, et la duchesse, en effet, se disposait à sortir du Louvre. Elle avait passé une partie de la soirée enfermée avec le moinillon Jacques et le comte Éric de Crèvecœur. Mais le comte Éric l'avait quittée pendant une heure environ, et quand il était revenu, il avait le sourcil froncé et la mine inquiète.

— Qu'avez-vous, comte? demanda la duchesse.

— Madame, répondit le comte, je crois que vous courez un danger.

— Madame de Montpensier haussa les épaules.

— Est-ce que vous passerez la nuit au Louvre?

— Non. Le comte respira.

— Oh ! tant mieux ! dit-il.

— Pourquoi me faites-vous cette question?

— Parce que je crois que nous avons un ennemi dans le Louvre.

— Le Louvre est à nous...

— Soit ! mais nous y avons un ennemi.

— Comment le nommez-vous?

— Vous souvient-il de ce démon qui nous tint si bien en échec, il y a quatre ans, dans la maison de Rochibond ?

— Oui, Mauvepin, le fou du roi.

— Justement. Eh bien! il est au Louvre.

La duchesse haussa les épaules.

— Je crois que vous perdez l'esprit, comte, dit-elle : Mauvepin est mort.

— Votre Altesse le jurerait?

— Je l'ai toujours ouï dire.

— Il est vivant, madame.

— Eh bien ! dit la duchesse, tâchez de le prendre, comte, et je vous autorise à le faire pendre.

— J'aime mieux que Votre Altesse m'autorise à le tuer comme un chien, d'un coup de dague si je le rencontre.

— Soit ! Faites comme vous l'entendrez.

— Ainsi Votre Altesse quitte le Louvre?

— Ce soir, comte.

— Où va Votre Altesse ?

— Voilà ce que je ne puis vous dire.

— Madame... madame... prenez garde!

— Je vais faire mes dévotions, dit la duchesse.

Et elle s'encapuchonna dans sa mante et sortit de son appartement. Mais avant de quitter le Louvre, elle entra chez maître Paterne, pour savoir s'il avait fait tenir son billet au cardinal. Le comte Éric était demeuré dans l'appartement de la duchesse.

Comme le comte et le duchesse avaient l'habitude de parler allemand entre eux, Périne n'y comprenait rien.

Elle n'avait donc pu saisir qu'une chose dans le dialogue de M. de Crèvecœur et de madame de Montpensier. C'était le nom de Mauvepin. Et comme il prononçait ce nom, le comte avait vu Périne pâlir. La duchesse partie, le comte Éric ferma la porte et dit à Périne, en bon français, cette fois :

— Nous avons à causer, ma mie !

— Avec moi, monseigneur ? fit-elle toute tremblante.

— Avec vous.

— Que désirez-vous de moi, monseigneur ?

— Savoir votre nom.

— Je m'appelle Chamberville.

— Ah ! fit Eric d'un ton railleur.

— En douteriez-vous, monseigneur ? fit Périne qui essaya de payer d'audace.

— Oh ! très-certainement, oui... et j'ai une raison pour cela...

— Laquelle ? fit Périne rougissant.

— Il y a une demoiselle de Chamberville qu'on a retenue prisonnière au couvent de Chaillot...

Périne tressaillit.

— Qui s'en est échappée continua le comte de Crèvecœur, et qui prétend que vous lui avez volé son nom.

Périne essaya de nier.

— Je sais votre nom, petite, dit le comte ; vous vous nommez Périne et vous avez vécu au pays Latin...

Périne paya d'audace.

— Eh bien ! que vous importe ? dit-elle.

— Oh ! peu de chose, mon enfant, seulement ceci :

vous êtes toute dévouée à Mauvepin, et je ne veux point que vous le puissiez avertir.

Parlant ainsi, le comte Éric se jeta sur Périne, qui se débattit vainement. Puis il la renversa sur le sol, lui arracha le fichu qu'elle avait sur les épaules et lui en fit un bâillon. En même temps il lui lia les pieds et les mains et la jeta à demi étouffée sur le lit de la duchesse. Après quoi il sortit et mit la clef dans sa poche, se disant : — Si tu préviens Mauvepin, c'est qu'un ange te viendra délivrer, et je crois que le temps des miracles est passé.

Cependant madame de Montpensier était entrée chez le bon Paterne. Le futur prélat avait manifesté quelque étonnement de voir madame de Montpensier, Mauvepin l'ayant averti qu'elle quittait le Louvre. Mais Paterne était un homme prudent qui ne voulait se compromettre en rien, et c'était bien assez déjà qu'il jouât gros jeu en servant Mauvepin, sans qu'il éveillât encore les défiances de madame de Montpensier. La duchesse lui dit :

— Où est le roi ?

— Le roi est en prières.

— Vous lui donnerez toutes ces ordonnances à signer.

Paterne prit les ordonnances.

— Et vous l'avertirez que demain, dès le matin, je lui viendrai faire une surprise agréable.

Madame de Montpensier causa quelques minutes avec Paterne, l'entretint de son futur évêché, se fit répéter par lui que le roi Charles X l'aimait passionnément, puis elle ramena le capuchon de sa mante sur son visage et quitta le chapelain. Madame de Montpensier avait trop vécu au Louvre pendant sa jeunesse pour n'en point connaître tous les détours et toutes les issues secrètes. Elle prit ce petit escalier qui desservait les appartements jadis occupés par la reine-mère, et elle gagna la poterne du bord de l'eau. Cette poterne était gardée par un soldat lorrain. La duchesse se fit reconnaître et lui dit :

— Suis-moi !

Le soldat obéit. Madame de Montpensier longea le bord de la rivière et se dirigea d'un pas rapide vers l'église Saint-Germain l'Auxerrois. La nuit était noire ; le couvre-feu, sonné depuis longtemps, avait fait rentrer les bourgeois chez eux.

Madame de Montpensier arriva sous le porche de l'église.

Puis elle alla vers la petite porte qu'elle poussa. La porte céda. La vieille basilique était silencieuse. Le cierge brûlait toujours sur l'autel. Madame de Montpensier ferma derrière elle la porte de l'église, puis fit quelques pas en avant. Le bruit de ses pas retentit sous les voûtes d'une façon lugubre qui lui fit peur.

— Ame de mon frère, murmura-t-elle à mi-voix, où êtes-vous ?

— Ici, répondit la voix de Mauvepin.

Bien que Mauvepin fût dans la chaire, usant de son talent de ventriloque, il avait logé sa voix dans le maître-autel.

Cette voix rassura madame de Montpensier.

— Approchez, ma sœur, disait-elle.

Madame de Montpensier se dirigea vers le maître-autel.

— Prenez ce cierge, dit la voix.

Madame de Montpensier prit le cierge.

— Où dois-je aller ?

— Tournez à gauche... bien... entrez dans la petite nef.

La voix de Mauvepin se promenait dans l'espace et guidait la duchesse.

— Voyez-vous une dalle soulevée?

— Oui, dit la duchesse.

— Et apercevez-vous un escalier ?

— J'en vois les premières marches.

La voix continua :

— Vous allez descendre par cet escalier jusqu'à un caveau...

— Bien.

— Dans ce caveau vous soulèverez une pierre.

— Et sous cette pierre ?

— Vous trouverez le parchemin que vous cherchez.

La duchesse fit un pas encore, et elle allait poser le pied sur la première marche de l'escalier. Tout à coup il se fit un bruit épouvantable; elle entendit un juron et un blasphème, et une voix tonnante qui s'écria :

— Ah ! misérable! c'est ainsi que tu joues le rôle des morts! Eh bien! tu ne l'auras pas joué impunément.

Et la duchesse reconnut la voix du comte Éric.

Et elle le vit monté dans la chaire et frappant Mauvepin de deux coups de poignard. Mauvepin essayait de se débattre, mais le comte avait un auxiliaire...

Cet auxiliaire était le prêtre que Mauvepin avait trouvé en entrant dans l'église, ou plutôt c'était le moine Jacques Clément, qui avait poignardé le diacre aposté par le curé de Saint-Germain et dont il avait pris la place.

Mauvepin, embarrassé dans les plis de sa robe, essaya vainement de se défendre. Le comte l'enleva dans ses bras robustes et le jeta tout pantelant du haut de la chaire aux pieds de la duchesse pétrifiée de terreur.

— Et maintenant, dit le comte Éric au moinillon Jacques Clément, maintenant tu peux prendre la robe de cet homme et aller à Saint-Cloud. Le roi Henri III a coutume de recevoir un moine tous les matins.

Mauvepin, agonisant, se tordait sur les dalles de l'église, et le comte Éric avait posé un pied triomphant sur la poitrine du pauvre fou, qui allait bientôt n'être plus qu'un cadavre...

XIII

Le roi Henri III venait d'être éveillé par un bruit lointain de fanfares et de clairons. Et Crillon avait fait irruption dans la chambre royale, bruyant comme une avalanche et joyeux comme un carillon.

— Sire, Sire, dit-il, voici le roi de Navarre.

— Ah! ah! fit le roi.

Et il étira les bras, bâilla tout à son aise et ajouta :

— Ce brave cousin Henriot a toujours des habitudes de campagnard et des heures impossibles. N'aurait-il pu arriver à un moment convenable?

— Mais, Sire, dit naïvement Crillon, quand on marche à la tête d'une armée, on ne peut pas mesurer le temps avec un compas.

— Ah! c'est que je dormais si bien, mon bon Crillon, dit le roi.

— Eh bien! Votre Majesté fera la sieste après déjeuner.

— Ensuite, continua le monarque, je rêvais de façon charmante.

— Ah! vraiment?

— Je me voyais dans Paris...

— Hé! mais, dit Crillon, nous pourrions bien y être demain soir. D'autant mieux que M. de Condé et M. de Montmorency ne peuvent tarder d'arriver.

— Mais Mauvepin? dit le roi. Avez-vous de ses nouvelles, mon bon chevalier?

— Il va venir, sans doute.

— Oh! la bonne plaisanterie qu'il a jouée cette nuit à la duchesse!

— Ah! oui, dit Crillon, c'est la nuit dernière qu'il devait l'enfermer dans le caveau de Saint-Germain l'Auxerrois.

— Justement.

— Alors, dit Crillon, pourquoi ne vient-il pas?

— Il a sans doute affaire à Paris. Mais pour sûr il a joué ce fameux tour à la duchesse.

— Votre Majesté le croit?

— Je l'ai rêvé.

— Songe, souvent mensonge! Sire.

— Non, pas pour moi... je rêve vrai...

Crillon secoua un peu la tête.

— Sire, dit-il, à vous parler franchement, j'aime tout autant compter sur nos armées réunies, pour venir à bout de madame de Montpensier, que sur les stratagèmes de ventriloque de ce bon Mauvepin.

— Oh! c'est pourtant fort drôle!

— Soit, dit Crillon, mais je ne me plais guère à ces bouffoneries.

— Crillon, mon ami, dit le roi, si la chose s'est passée comme je l'ai vue en rêve, et je le crois, car mes rêves ne me trompent guère, ce n'était pas une bouffonnerie.

— Comment cela se passait-il donc dans le rêve de Votre Majesté?

— Le plus sérieusement du monde.

Et le roi appela ses pages pour se faire habiller.

— Figurez-vous, reprit-il, que Mauvepin, vêtu de sa robe de moine, conduisait la duchesse par la main.

— Où cela?

— Dans la grande nef de Saint-Germain l'Auxerrois.

— Et puis?

— Et puis ils sont descendus dans le caveau, et Mauvepin l'y a enfermée.

— Mais, sire, dit Crillon, il est impossible que les choses se soient passées ainsi.

— Bah!

— Et l'absence de Mauvepin m'inquiète. J'ai idée qu'il a échoué.

— Allons donc!

— Peut-être même a-t-il payé sa tentative de sa vie.

— Ventre-de-biche! exclama le roi, s'il en était ainsi je crois que je brûlerais Paris.

— Il faudra bien le brûler un peu sans cela, dit Crillon, s'il ne nous ouvre pas ses portes.

Les fanfares de l'armée du roi de Navarre se rapprochaient. Le roi, ayant passé son haut-de-chausses et endossé son pourpoint, alla vers la croisée et se pencha en dehors. Il vit les troupes béarnaises qui descendaient, en colonnes serrées, les pentes des coteaux de Meudon et de Bellevue. L'infanterie était au centre; la cavalerie se déployait sur les ailes. Tout cela vêtu de pourpoints sombres, de cuirasses brunies, coiffé de casques qui n'étincelaient point aux rayons du soleil levant. A leur tête, un cavalier, monté sur un petit cheval gris-pommelé plein de feu, vêtu d'un pourpoint gris, ayant sa cuirasse à l'arçon de la selle, portait un panache blanc à son casque.

— Voilà Henriot! dit le roi.

— C'est bien lui en effet, Sire.

Et le roi ramena son regard, des troupes béarnaises qui se développaient sur les coteaux de Meudon, à ses pieds, c'est-à-dire sur l'armée royale campée à l'entour du château de Saint-Cloud.

— Crillon, mon ami, dit-il, donnez-moi donc votre avis.

— Parlez, Sire.

— Je me suis fait dresser une tente au milieu du camp.

— Ce qui était d'un bon exemple, Sire.

— Mais jusqu'à présent, j'ai préféré coucher dans mon lit, au château.

— Et la tente est devenue inutile?

— Non pas, Crillon, mon ami.

— Votre Majesté la voudrait-elle offrir au roi de Navarre?

— Non, je l'y veux recevoir.

— C'est fort bien dit, Sire.

— Et je vais donner des ordres pour qu'on nous y serve à déjeuner.

Crillon fit claquer sa langue.

— Votre Majesté est en appétit, ce matin?

— Oui, mon cher Crillon, et vous?

— Moi, Sire, je suis trop bon sujet pour ne pas suivre l'exemple de Votre Majesté.

— Eh bien! vous déjeunerez avec moi... Pourvu que ce traînard de Mauvepin ne se fasse pas trop attendre.

Mais Crillon hocha de nouveau la tête.

— C'est singulier, Sire, dit-il ; mais j'ai de funestes pressentiments.

— A l'endroit de Mauvepin ?

— Sire, quand je rêve de quelqu'un...

— Vous avez rêvé de Mauvepin ?

— Oui, et je le voyais vêtu de blanc.

— Il était vêtu de blanc ?

— Et il ne riait pas, lui qui rit toujours d'ordinaire.

— Eh bien ?

— Eh bien ! Sire, lorsque je vois en songe un homme vêtu de blanc, c'est qu'il est mort.

— Ah ! taisez-vous, chevalier, vous me donnez le frisson... Si Mauvepin était mort... grand Dieu !

— Votre Majesté aurait perdu un brave serviteur ?

— Et un ami jovial... Ah ! c'est que voyez-vous, mon bon Crillon, soupira le roi, c'est si rare, les gens gais... Tous ceux qui me faisaient rire sont morts.

— Eh bien ! Votre Majesté ne s'ennuiera point en la compagnie du roi de Navarre.

— Ah ! c'est un bon compagnon, je sais cela !

Et le roi manda son majordome et lui commanda de servir à déjeuner sous sa tente.

Puis, comme Crillon le voyait achever sa toilette, il lui dit : — Si je le recevais en cuirasse et le heaume en tête !

— A quoi bon, Sire, fit Crillon en souriant : Votre Majesté aura bien le temps de s'armer demain. Et le roi de Navarre n'a nul besoin de voir le roi de France casque en tête pour se souvenir du héros de Montcontour.

— Chut ! Crillon, ne parlons pas de Montcontour, non plus que de Jarnac.

— C'est juste, Sire.

— Et puisque les huguenots me viennent en aide, ne leur rappelons pas que je les ai rudement battus.

—Amen! fit Crillon.

Le roi, s'étant fait friser et parfumer selon sa coutume, se fit attacher son manteau sur l'épaule, et prit sa coiffure et sa canne. Puis il dit à Crillon :

— Allons recevoir le roi de Navarre!

Le roi sortit du château et s'avança à travers son camp, donnant le bras à Crillon ; M. d'Épernon et une demi-douzaine de seigneurs l'accompagnaient.

Henri était à pied, tête nue, et il souriait à mesure que les soldats criaient : *Vive le roi!* sur son passage.

Le roi de Navarre avait fait faire halte à ses troupes, à deux ou trois cents pas du camp.

Puis il s'était avancé, suivi d'un seul écuyer.

Henri le Béarnais n'était plus le prince de vingt ans qu'avait si tendrement aimé Sarah l'argentière.

Henri avait près de trente-cinq ans; son visage s'était bronzé, ses cheveux grisonnaient un peu sur les tempes, et les soucis de la politique, compliqués des fatigues de la guerre, avaient creusé plus d'un pli à son front.

Mais, c'était bien toujours ce prince spirituel et charmant, au fin sourire, au regard perçant, mélangé d'astuce et de bonhomie.

Et comme il maniait avec grâce ce petit étalon gris-pommelé des plaines de Tarbes, qui se capuchonnait avec fierté, comme s'il eût senti qu'il portait un roi!

Henri III, voyant son cousin de Navarre s'avancer seul, en fit autant.

Alors le Béarnais mit pied à terre, jeta la bride à son écuyer, vint au devant du roi de France et se mit à genoux. Henri III le releva et le prit dans ses bras, lui disant :

— Embrassons-nous, mon frère et cousin.

— Sire, répondit Henri de Navarre, je remercie Votre Majesté de m'avoir permis de lui apporter le secours de mon épée.

— Et j'en ai besoin, mon cousin.

Sur ces mots, Henri III prit familièrement le roi de Navarre par le bras, et l'emmena vers la tente royale.

— Sire, reprit le Béarnais, Votre Majesté me permettra-t-elle d'embrasser mon vieil ami Crillon?

— Ah! mon prince! fit Crillon ému.

Et il se jeta au cou du roi de Navarre. Celui-ci entra dans le camp au bruit des vivats des troupes royales.

— Ventre-saint-gris! Sire, dit-il à Henri III, voilà de braves gens qui me paraissent bien impatients d'entrer dans Paris.

— Ils vous attendaient, mon cousin.

— Mais nous laisseront-ils au moins le temps de déjeuner?

— J'y compte bien, fit Henri III en souriant.

Et il le fit entrer dans la tente royale, où le repas était servi.

— Mais, fit Henri de Navarre, où donc est Mauvepin?

Le roi soupira.

— Il est à Paris, dit Crillon.

— Et qu'y fait-il?

— D'abord il tient compagnie au nouveau roi, fit Henri III avec ironie.

— Ah! oui, le cardinal mon oncle... Est-ce qu'il ne s'est pas fait proclamer sous le nom de Charles X?

— Justement.

— Et Mauvepin est avec lui!...

— Oui, mais pour mon service particulier, insinua le roi.

— Ah! c'est différent.

— Et puis, je crois qu'il a joué un bon tour à la duchesse notre cousine.

— Oh! vraiment?

Et Henri III raconta l'histoire du caveau de Saint-Germain l'Auxerrois et les projets de Mauvepin. Le déjeuner fut gai, les deux rois mangèrent de fort bon appétit. Seul, Crillon se montra sombre et taciturne. Le repas fini, on apporta sur la table une carte qui représentait la ville de Paris et ses alentours, et l'on s'occupa à arrêter un plan d'attaque pour le lendemain.

Mais comme chacun des trois convives donnait son avis tour à tour, on vint dire au roi qu'on apercevait un moine dans le lointain.

— Un moine, fit le roi joyeux.

— Oui, sire, dit un page. Il vient d'apparaître à la lisière de la forêt de Boulogne.

— Et il vient ici?

— Il se dirige vers le camp, Sire.

— A pied?

— Non, monté sur un âne.

— Plaisant drôle que ce Mauvepin! dit le roi. Eh bien! Crillon, mon ami, vous voyez bien qu'il n'est pas mort...

— Qui sait?

On se remit au travail, mais le roi était impatient de voir Mauvepin.

— Cette pauvre duchesse! murmurait-il avec ironie... quelle vilaine nuit elle aura passée!

Enfin, il se fit du bruit hors de la tente.

— Le moine! le moine! criaient les soldats.

Le roi sortit et vit un moine qui avait la cagoule baissée.

Ce moine le salua d'un geste familier et comme seul pouvait se le permettre un homme qui remplissait les fonctions de fou.

— Tudieu! fit le roi, comme tu as l'air mystérieux, mon ami. Le moine parut sourire sous sa cagoule.

— Viens, dit Henri III, entre, nous tenons conseil.

Le moine entra dans la tente, mais il ne s'approcha point de la table.

Crillon le regarda avec défiance.

— Tu veux donc me parler en particulier, dit le roi, qui était habitué aux facéties de Mauvepin.

Le moine fit un signe d'assentiment. La tente royale était divisée en deux réduits. On avait déjeuné dans le premier. Le lit du roi était dans le second.

Henri III souleva la draperie qui les séparait et fit entrer le moine dans le deuxième compartiment.

Tout cela s'était fait si vite que ni le roi de Navarre, ni Crillon, ni les capitaines et seigneurs appelés au conseil du roi, n'avaient eu le temps d'examiner le moine et de se convaincre si c'était bien Mauvepin. Mais soudain on entendit un grand cri, un cri de douleur et de colère.

— Le malheureux! il m'a tué!... venait de crier le roi.

Henri de Navarre et Crillon se précipitèrent et s'arrêtèrent sur le seuil de la chambre royale, frappés d'horreur et d'épouvante.

Henri III tenant encore à la main un parchemin que lui avait remis le moine, venait d'être frappé d'un coup de poignard dans le bas-ventre et s'appuyait aux colonnes de son lit pour ne point tomber. Le moine était encore à genoux, son arme fumante à la main. Seulement, il avait relevé sa cagoule, et sa tête pâle et fiévreuse, éclairée par un regard ardent et sinistre, était à découvert.

— Le moine ! le moine Jacques Clément ! s'écria Crillon, qui le reconnut. Et il s'effaça pour laisser passer les gardes du roi, qui fondirent sur le meurtrier et le percèrent de vingt coups d'épée.

Jacques tomba et murmura en expirant :

— Oh ! *elle* m'a trompé !... je ne serai jamais roi !...

Henri de Navarre avait reçu Henri de France dans ses bras.

— Frère murmura le mourant, votre mère avait raison : la maison de Valois devait s'éteindre, et c'était à vous de me succéder.

— Eh bien ! Sire disait tristement Crillon le soir de la mort du dernier Valois, vous souvient-il de cette étoile que vous nous montrâtes au Louvre, il y a quinze ans, en nous disant :

« Cette étoile est la mienne, et je serai roi de France ! »

— Je m'en souviens, répondit le nouveau roi : j'avais vingt ans alors, mon ami, et maintenant vient de sonner pour moi la dernière heure de la JEUNESSE DU ROI HENRI.

— Oui, Sire, dit Crillon, mais le règne de Henri IV commence, et la lutte avec les ennemis de la France n'est point achevée...

— Je les exterminerai jusqu'au dernier, répliqua Henri de Bourbon, et j'entrerai dans Paris, dussé-je pour cela entendre une messe. Cette étoile, qui ne m'a jamais trompé, me montre mon entrée triomphante dans les rues de la capitale.

— *Amen!* murmura Crillon.

Et le bon chevalier s'agenouilla auprès de son roi mort, et une larme coula le long de sa martiale figure.

L'oraison funèbre de Henri III, c'était une larme du grand Crillon !

FIN

www.ingramcontent.com/pod-product-compliance
Lightning Source LLC
Chambersburg PA
CBHW071525160426
43196CB00010B/1666